平凡社新書
827

クー・クラックス・クラン

白人至上主義結社KKKの正体

浜本隆三
HAMAMOTO RYŪZŌ

HEIBONSHA

クー・クラックス・クラン●目次

はじめに

アメリカには多数のクラブや結社が存在し、秘密結社としてはフリーメイソンとクー・クラックス・クランが有名である。これらはアメリカ建国や移民受け入れの歴史と深くかかわってきた。移民大国アメリカは、なぜ現在でも結社を必要としているのであろうか。本書ではクー・クラックス・クランを取りあげ、この秘密結社の特質を明らかにし、その盛衰の歴史が、現代社会にどのような意味をもちうるのかを明らかにしたいと思う。

クー・クラックス・クラン（以下クランと略記）は、一九世紀半ば、南北戦争の直後にアメリカ南部で組織された秘密結社である。一九二〇年代には、会員数が数百万人に達したといわれ、現在でも、全米で五〇〇〇人が「クラン」と名のつく組織に所属している。白人至上主義を是とする、アメリカの極右を代表する団体である。

クランといえば、白い目出し帽子の三角頭巾に、ワンピース状の白いローブをまとい、白人の優越を唱えて、黒人（アフリカ系アメリカ人。以下、本書では黒人と表記）をリンチした挙句に殺してしまう。おおむねこのようなイメージが一般的である。だが、結成当初のクランは緋色を基調とした衣装を着ていたこと、一時期、「女性クラン」や「ジュニア・クラン」が存在していたこと、バーベキュー大会や数万人規模のパレードを催す一面もあったことを、ご存じの方はおられるであろうか。

クランの活動は、これまでに三度、大きな盛り上がりをみた。本書ではそれを、第一期：南北戦争後の一八六六年から七一年まで、第二期：一九一五年から二九年頃まで、第三期：一九五〇年代から八〇年代と分類し、とくに第一期と第二期を中心にその組織の実態に迫りたい。というのも現在、われわれが抱くのは、第三期が遺したクランのイメージが強いが、第一期、第二期のその実情は、ほとんど知られていないからである。まずここで、各時期のクランについて簡単に紹介しておこう。

第一期のクランは、南北戦争後のアメリカで、元南部連合軍の従軍兵士を主軸に結成された。かれらの活動は、奴隷制に支えられた南部白人の前近代的な騎士道精神と、自由平等を是とする北部の近代的な理念との摩擦のなかで盛り上がりをみせた。このようなクランの活動は、戦争で敗北した南部白人による、ゆがんだアイデンティティの再構築の運動でもあったといえる。最大で五五万人がクランに加入していたとされるが、第一期クランの組織的な活動は、「クラン対策法」が施行された一八七一年に、いったん終息する。

第二期クランは、一九一五年に復活し、南部ジョージア州の州都アトランタで再結成された。やがて組織は白人優越主義や「一〇〇パーセント・アメリカニズム」を提唱し、全米規模の秘密結社に成長する。会員数は一九二〇年代に劇的に増大し、その数九〇〇万人と見積もる説もある。かつて南部白人の地域結社（リージョナル・アソシエーション）であったクランは、国民を巻き込む全国結社（ナショナル・アソシエーション）へと生まれ変わった。この隆盛の根底には、世紀転換期アメリカの時代の変化にとまどう人びとの不安があった。クランはこれらの人びとをネイティヴィズムのもとに結集し、公益活動と政治的プロセスを通じて、その不満と不安の解消をはかった。

第三期クランは、一九六〇年代に活発化する。かれらは人種間の平等を掲げる公民権運動に敵対し、白人と黒人の差異を暴力によって見せつけようとした、テロリスト集団であった。過激な爆弾テロを繰り広げ、その活動が社会の不安を煽ったが、会員の総数は四万人に満たなかったとされている。のちにかれらは多額の賠償金を請求され、孤立を深めて衰退していく。一九六〇年代末には、活動はいったん弱まるが、クランの火種は、現代に至るまでくすぶりつづけている。

さて本書は、本邦初となるクランの歴史的変遷を論じたものである。クランについては、

第二章から第六章までで詳述するが、その盛衰の命脈は、アメリカ史に限られるものではない。現代の政治や社会の状況と深く結びついている。そこで、本書では第一章と第七章において、その関連や共通項を考察してみたい。周知のようにいま、右傾化と保守化が世界的な潮流になっている。これとクランとのかかわりを考えるという意味で、まず、現代の世界的な政治や社会の状況を一瞥しておこう。

アメリカでは二〇一六年、第四五代大統領選挙をまえにして、共和党からドナルド・トランプ候補が指名を獲得し、民主党候補のヒラリー・クリントンと選挙戦を繰り広げている。トランプはメキシコ系移民に対して厳しい姿勢に立ち、イスラム教徒の入国を禁止するなど過激な主張を繰り広げている。

欧州に目を転じると、シリアからの難民が数百万人規模でヨーロッパへ押し寄せて、各国が対応に苦慮している。それにともない、各国では右派政党が勢力を伸ばし、移民政策の見直しが喫緊《きっきん》の課題となってきた。二〇一六年六月にはイギリスが国民投票によってEUの離脱を決定し、世界に大きな衝撃がはしった。国境を越えた人と経済の交流の理想を掲げたEUは、いま危機に直面しているといえよう。

日本では、二〇一三年から翌年にかけて、在日韓国・朝鮮人、在日中国人らを想定したヘイト・スピーチが過熱して、社会の話題を呼んだ。デモの様子はインターネット上にアップロードされて、ヘイト・スピーチは流行語にもなった。

冷戦構造が崩壊し、イデオロギーに代わる国家統合の枠組みが模索されるなかで、世界各国でナショナリズムやエスノセントリズムが噴出し、マジョリティから切り捨てられたマイノリティの人びとによるテロ活動が大きな恐怖を与える時代となってきた。

さらにグローバル化が進展し、人、モノ、カネ、情報の迅速な交流が地球規模で進む一方で、通貨危機やリーマン・ショックにみられるように、一国の経済不安が世界各国に波及する、未来予測が難しい時代になった。人びとのあいだに生じる格差も、国家間の枠組みを超えて広がり、貧困がテロリストの温床であるとの指摘もされている。

世界の右傾化と保守化は、グローバル化の反動ではなかろうか。諸問題は国家間の垣根を越えて複雑に絡み合い、もはや一国では対処しきれない事態となっている。各国では他国の動向を視野に入れながら、現実的な対策を講じる必要性に迫られている。この混迷の時代を乗り越える知恵は、やはり人類が蓄積してきた歴史のなかに探るよりほかにない。

本書で紹介できる知恵はごく限られている。しかし、一時期、排外主義を唱えて数百万人の心をとりこにした組織の、盛衰の背景とメカニズムを考察することは、きっと現代を生きるわれわれにとっても、少なからぬ意義をもつはずである。世知辛い二一世紀をともに生きるための、小さな知恵として、本書の内容が役に立つことがあれば、望外の幸いである。

第一章　ポピュリズム政治の源流——トランプ現象とクー・クラックス・クラン

白人至上主義という共通項

アメリカの共和党大統領候補のトランプは、選挙戦を通して過激な人種差別発言を繰り返し、世界の注目を集めた。トランプの発言はさまざまな「反応」をひき起こし、いわゆる「トランプ現象」を巻き起こした。この現象は、アメリカ固有の社会事情に根ざしているかに思われがちだが、その裾野は広い。世界の現状に目を向けると、トランプ現象がもてはやされる理由が垣間見られる。

ヨーロッパにおける近年の政治状況も、大きく揺れ動いている。たとえばイギリスのEU離脱決定、イタリアのローマ市長の交代、フランスのル・ペンが率いる「国民戦線」の躍進、「ドイツのための選択肢」のEU政策の見直し、ネオナチの国家民主主義NPDの台頭、オーストリアやオランダの「自由党」の活性化などがみられるが、これらの動向とトランプ現象とは関連している。その特徴は、反グローバル化、反移民、反EU政策を掲げ、いわゆるポピュリズムと深く結びついた、内向きの自国の利害をクローズアップしている点にある。

その動向は、世界の政治の枠組みを組み替えかねないという、大きなうねりとインパクトを内在している。二〇一六年のアメリカ大統領選挙にとどまらず、二〇一七年のフランス、ドイツの国政選挙へも波及する可能性を秘めており、目が離せない。したがってトランプ現象は、次代の世界の動向をみる試金石となる意味でも、分析に値する重要な政治的テーマなのである。

もちろん、多くの人びとは、トランプ現象がアメリカだけの突然変異的な現象ではなく、世界の政治的潮流と深く連動していることを感じ取っている。その共通項はどこに見出されるのであろうか。筆者はこれまで、アメリカの秘密結社クランに関心をもち研究を行ってきたが、最近、アメリカのメディアにおいては、トランプ現象とクランとを結びつける言説が現れるようになり、両者の関係に注目が集まってきた。

両者の接点として、メディアはしきりに白人至上主義を取り上げている。すなわち、トランプの移民拒否の姿勢と、クランの排外主義の主張とが重ねられ、その根底に白人至上主義という共通項を見出しているのである。

だが筆者は、白人至上主義だけを接点にクランとトランプを結びつけるのは、表層的な解釈であると考える。むしろ、目を向けるべきは、両者をつなぐ社会現象の共通性に対してであろう。

すなわちイデオロギーだけでは人びとは動かず、社会の構図が共通していることが前提である。そしてそれが行動と結びつくためには、プロパガンダとともに受容する側を突き動かす情動が必要なのである。

クランの盛衰について考えてきた筆者にとって、いまの時点で記しておきたい、トランプ現象にまつわるいくつかの話題がある。トランプが大統領選挙への出馬宣言をした二〇一五年から時をさかのぼることちょうど一〇〇年前の一九一五年、のちに数百万人が参加したといわれる第二期クランが結成された。これは偶然の一致である。しかし、当時のクラン人気に現代のトランプ現象の行く末を知る手がかりがあるかもしれない。クランについて論じるまえに、すこし、クランと現代アメリカとを結びつける接点を探ることにおつきあい願いたい。

トランプ現象の不思議

二〇一五年の六月、トランプが出馬を正式に表明してから、メディアはこぞっていつもの売名行為と嘲笑し、夏までには姿を消すと予想した。季節がめぐるごとに、来季までにはトランプは失速すると予想された。だが、ついに、二〇一六年五月、トランプは共和党からの指名を確実にしたのである。アメリカの主要メディアを担うのは、卒業までに一四万ドル（一五〇〇万円）も必要といわれる一流大学を卒業したエリートたちである。かれらが庶民のトランプ支持の心理を見誤ったのも、無理からぬことであった。

意外にも、庶民の懐中に想像力を深く差し入れていたのは、皮肉と風刺で笑いを誘うテレビアニメーション『シンプソンズ』であった。「トランプ大統領」の誕生を「予言」した『シンプソンズ』は、共和党支持層に視聴者をもつFOXテレビの長寿アニメーション番組である。アニメのなかでトランプは、失策に失策を重ね、アメリカを財政破綻寸前にまで追い込む大統領として描かれている。どうかこの予想だけは外れて欲しいものである。

ところで、トランプ現象を「現象」たらしめているのは、かれの主義主張が、合理的・体系的には理解し得ない点にある。トランプは語る。メキシコからの不法移民には「犯罪者やレイプ魔」が紛れているので、密入国できないように国境に巨大な壁をつくると。建設費用は、もちろんメキシコに支払わせる。イスラム教徒は「完全に」入国を禁止して、米国内にいる信者の監視を徹底する。数百万ドルが節約できるという理由で、日本を含む在外米軍の撤退を検討する。年収六〇〇万円に満たない世帯は貧しい。だから所得税を課さない、など思いつき程度の主張が並ぶ。

いずれの提案も、小学生が夏休みに集う「こども議会」でも否決されるのではないかと思えるほどに稚拙で、三権分立が確立しているアメリカでは、政治的にも財政的にも、実現できるものではない。だが、トランプ支持は衰えない。なぜだろうか。

ポピュリズムと反知性主義

トランプのように一般大衆の「受け」を狙った主張を弄する政治手法を、ポピュリズム（大衆迎合主義）と呼ぶ。その代表格が、ヒトラーやムッソリーニで、現にトランプについてメキシコ大統領やドイツの副首相は、その手法をヒトラーや極右政党になぞらえる。『ワシントン・ポスト』紙もトランプをファシストに喩えている。

政治がポピュリズムへと陥るのを阻止するためには、マスコミの存在が重要である。だが、そのマスコミもトランプの暴言に翻弄されるあまり、ポピュリズムの裾野を広げてしまった。マスコミは、トランプがおもいつきで口にしたことを「問題発言」として報道するが、受け手に届いたのは、「問題」部分ではなく、「発言」部分だけではなかったか。結果的にマスコミ報道は、トランプの宣伝活動の一翼を担ってしまったのである。この効果もあって、トランプは共和党候補者のなかで、もっとも少ない選挙資金量で知名度を高め、候補者の指名を獲得した。

マスコミを翻弄するトランプの「おもいつき発言」を分析した、カーネギーメロン大学の言語技術研究所によれば、トランプは聴衆の様子をみながら発言の内容を変えているという。他の共和党の候補が数かずのしがらみを抱え、慎重な言葉選びを強いられているなかで、自由に語るトランプの姿に、聴衆は大統領候補としてふさわしい強力なリーダーシップを連想したわけである。演説内容を柔軟に変えながら聴衆の「受け」を狙う、トランプが撒くポピュリズムの種はここに宿っている。

もっとも、演説に使われる語彙のレベルを比較すると、バーニー・サンダース候補が一七歳以上、オバマ大統領の演説は一五歳以上の語彙レベルであった一方、トランプは一三歳以下のレベルの語彙しか使われていない、という結果も合わせて報告されているのである が。

じつのところアメリカには、「大衆」へと照準を合わせるトランプの政治手法が馴染む素地がある。近年、注目を集めている「反知性主義」がそれである。反知性主義と耳にすると、単に学問や知性を軽視する態度であったり、合理性や実証性に頼らない独りよがりの態度であったりと、否定的なニュアンスを読み取るかもしれない。だが、反知性主義が抱くのは、単なる知性やエリートに対する反発ではない。

反知性主義は、英語で表記すれば、"anti-intellectualism" となる。漢字が列記された状態だとわかりづらいのだが、これは「反−知性主義」であって、「反知性−主義」ではない。この言葉は、『アメリカの反知性主義』（一九六三）を執筆した二〇世紀を代表するアメリカの政治史家リチャード・ホフスタッターによって名づけられた。

ホフスタッターは、反知性主義は定義し得ないと前置きしたうえで、「私が反知性主義と呼ぶ心的姿勢と理念の共通の特徴は、知的な生き方およびそれを代表するとされる人びとに対する憤りと疑惑である。そしてそのような生き方の価値を、つねに極小化しようとする傾向である」としている。

この引用では、どうもその内実が判然としない。他方、かれの議論をふまえながら、アメリカのキリスト教史の解説を交えつつ、反知性主義についてわかりやすく論じた、森本あんり氏の『反知性主義――アメリカが生んだ「熱病」の正体』（二〇一五）の説明は明快である。森本氏によれば、反知性主義とは、「知性と権力との固定的な結びつきに対する反感」であり、「ハーバード・イェール・プリンストンへの反感ではなく『ハーバード主義・イェール主義・プリンストン主義』への反感」であるという。ここに、トランプ現象を理解する鍵があるように思える。

反知性主義は、アメリカ史においてはリバイバリズム（信仰復興運動）というかたちをとってなんども再燃してきた。とくに、マサチューセッツの牧師ジョナサン・エドワーズが活躍した第一次大覚醒運動はよく知られている。これ以後も、一九世紀初頭、一九世紀半ば、二〇世紀初頭などにも、リバイバリズムが盛り上がった。この運動は、移民排斥の声が高まったり、新しい価値観や生活スタイルが広まったり、ナショナリズムが過熱したりすると、再燃する傾向にある。

森本氏のいう、「知性と権力との固定的な結びつきに対する反感」は、まさにトランプ現象の本質を突いている。というのも、トランプのポピュリズムがアメリカ世論に受け入れられる余地は、人びとがみな、変わらないアメリカの政治と、その不透明なシステムに辟易しているところにあるからである。

政治の世界を牛耳るのは一流大学を卒業したエリートたちで、一般民衆の声は政治には届かない。この状況に対する反感が、そして政治不信が、トランプ人気の根底に巣食っている。実際、近年の世論調査では、アメリカの連邦議会に対する支持率は一〇パーセント台という低水準で推移している。第二次世界大戦後、民主主義の理念を世界に掲げてきたその「本家」の議会が、九割ちかい国民に支持されていないという奇妙な矛盾。政治に対する不満と鬱憤とが、トランプ支持というかたちで現れているのである。

トランプとクランの関係は

トランプ現象を枕にクランへと話を進めようと考えたきっかけは、二〇一六年二月、白人至上主義結社「クー・クラックス・クランの騎士」の元代表デーヴィッド・デュークがトランプ支持を表明した、とニュースが報じたからである。デュークは一九五〇年生まれで、大学在学中より自ら「白人青年同盟」を組織して代表を務め、一九七五年、二五歳でクランの全国組織の代表となり、一九八〇年までその座にあった。デュークは目立つことが好きな性格で、トランプ現象が盛り上がるのに乗じて、顔を出したようである。

二〇一六年二月、このニュースが報じられると、数日後、トランプはCNNのインタヴューを受けて、つぎのように答えている。「どの団体の話かはわからない。まったく知らない団体のことを非難しろと言われても無理だ。調べてみないと……」。

トランプは本当にクランのことを「まったく知らない」のであろうか。そうとは考えにくい。全米規模のクランが解散して以後、クランは地域結社として各地で細々と活動している。トランプが「どの団体の話かはわからない」と答えたのは、どの州で活動するクランのことかはわからない、という意味と理解するべきであろう。

この一報がきっかけとなり、トランプとクランとの関係が洗い出された。結果、トランプの父親が一九二七年にクランの活動に参加して、逮捕されていたという新たな情報が伝えられた。トランプは父親がクランに入っていたことも、その逮捕歴も否定した。仮にこの報道が真実であるとすれば、一九二七年は第二期クランの衰亡期にあたる。この時期にニューヨークのクランの支部に残り、逮捕されるほどの活動を行っていたとすれば、相応の思想に拠った行動であることが示唆されるだろう。

インタヴュー報道を受けて、マスコミはトランプがクランとの関係を完全に否定しなかった点を取り上げて、トランプと白人至上主義との関係を物語る「証拠」のように報じた。共和党のマルコ・ルビオ候補はクランとの関係を否定しないトランプを「間違っている」と非難し、同じくジョン・ケーシック候補は「アメリカにヘイト・グループの居場所はない」と批判した。

だが、トランプは本当に白人至上主義者なのだろうか。たしかにトランプの差別意識は、かれの放埒《ほうらつ》な発言の節々に現れている。メキシコからの不法移民を犯罪者やレイプ魔と呼び、イスラム教徒はみなテロリストと決めつけ、仕事を奪うとアジア諸国を敵視して、女性を蔑視する発言をテレビ司会者にあびせかける。トランプの演説集会では、支持者が黒人女性を会場から追放するという一件があったが、トランプも自身を批判する者を退けたことで賠償費用などが発生すれば、自分が負担すると公言している。

だが、メディアを意識したパフォーマンスなどのさまざまな要素を取り除き、トランプ本人に白人至上主義と人種・宗教・性差別の思想のみを見出すとすれば、その見方も偏向していると筆者は考える。

「トランプ―クラン」の構図を描こうとするマスコミは、かれにネガティブなイメージを与えようと手を焼いているようである。ところが、トランプの家族に目を向けると、どうだろうか。トランプの父親は西南ドイツ、カルシュタット出身の移民の子であった。トランプの元妻はチェコスロヴァキア出身のモデル、再婚相手もスロベニア出身の元モデルで、「人種」よりも「容姿」(?)重視の一面をもつ。宗教的にも、プロテスタントに固執するわけではない。娘イヴァンカの結婚相手ジャレッド・カシュナーは、正統派ユダヤ教徒で、イヴァンカ自身もユダヤ教に改宗している。トランプはプロテスタントの長老派の教会員であるが、宗教的には寛容な姿勢がみられる。

さらに、選挙戦が終盤にさしかかると、メキシコ系移民に対する懐柔策に乗り出す。メキシコ系が多く暮らすカリフォルニア州で行われた演説では、「友人」だとメキシコ系の労働者を壇上で紹介し、固い握手を交わしている。もちろん、選挙戦のためのパフォーマンスなのは明らかであるが、筆者の印象としては、トランプの思考法は、人種的偏見に固執する以上に、実業家としての功利的センスを優先しているようにも思えるのだが、いかがだろうか。

トランプは、改革党や民主党からの立候補経験もある。その当時は、「オバマ・ケア」よりも手厚い社会福祉の充実を訴えて、「リベラル」派とみられていた。したがって、主張やイデオロギーに一貫性はない。その意味で、トランプ現象がポピュリズムという分析は間違っていない。むしろ、共和党候補では、保守系ティーパーティー運動から強力な支持を得ているテッド・クルーズ上院議員の方が、白人至上主義とのイデオロギー的な結びつきは強い。白人至上主義という一点で、トランプとクランを結びつけるのは短絡的にすぎるのではないか。

ただ、いったん白人至上主義という点から離れて一連の騒動を考えると、クランの活動との共通点を指摘することは可能である。その一つが、白人の地位の相対的低下に対する保守化、右傾化である。

「本来のアメリカ」を取り戻す

トランプの政治主張には一貫性がない。選挙戦ではトランプ本人の演説に先立ち、トランプの主張を総括する「前座」がまず壇上に立ち、メッセージを繰り返す。その「前座」がトランプの代弁者として強調するのは、アメリカをふたたび「あなた」のものにする、というメッセージである。

「前座」が言う「アメリカ」とは、具体的には「地域、コミュニティ、学校、仕事」である。聴衆はここに、「政治」も含めて聞いていることだろう。これらを聴衆である「あなた」、すなわち「白人」のものにする、と繰り返すのである。

ここでは、下層から中層の白人労働者が漠然と抱いている政治に対する不満を、喪失感へとすり替える試みが読み取れる。かつてのアメリカ、「本来のアメリカ」を取り戻すことに選挙戦の大義を据えているのである。このメッセージを深読みすれば、アフリカ系アメリカ人のオバマ大統領からアメリカを取り戻す、というメッセージも読み取れるかもしれない。

失ったものを取り返す、という主張は、聴衆の「喪失感」をくすぐり、復権への期待感を高める。このような言説は、右翼運動のそれと重なる。ロリー・マクヴェイは右翼運動を「比較的優位にあった集団が、その成員と権益者の、権利と特権の保持、復権、拡大を目指して行う社会活動」と定めている。

通常、優位にある社会集団は、下位の集団とのあいだで摩擦が生じるようなことは行わない。摩擦の結果、優位にある集団が、下位の集団から社会的不平等の説明を求められたり、利益の分割を求められたりする恐れがあるからである。だが、ひとたび優位にある集団の権益が脅かされそうになると、集合的不満を集約する軸として、右翼運動が活発化する。これが右傾化の論理である。

じつは、「本来のアメリカ」を取り戻すという、昔日への憧憬は、第二期クランの原動力の一つでもあった。第二期クランの初代の代表を務めたウィリアム・シモンズはこのように書いている。

われわれの祖先の古きアメリカはいたるところで消え去りつつある。新しいアメリカがわれわれにのしかかっている。そして上品で知性的なマイノリティの鼻孔の中で新しいアメリカは急速に悪臭を放ちはじめている。われわれアメリカ人は、進むべき道を改めなければならない。われわれに必要なのは大覚醒――コモン・センスと健全なる精神の復興である。……われわれは前進するのではない。われわれは逆戻りするのである。

（『素顔のクラン』）

シモンズは古き良きアメリカが失われている現状を批判し、その打開策として過去への遡行を主張している。ここで必要性が説かれている「大覚醒」（グレート・アウェイクニング）は、リバイバリズムを指すとみられる。リバイバリズムの原動力の一端は、反知性主義に根ざすが、おなじく第二期クランの活動も、その素地は反知性主義に根を下ろしていた。

シモンズにつづいて第二期クランの代表を務めたハイラム・エヴァンズは、クランの活動について、反知性主義を想起させる次のような解説を残している。

われわれの運動の主体はふつうの人びとであり、文化、知的裏づけ、熟練したリーダーシップなどの面で大きな弱点をもっている。求めているのは、昔ながらの平均的市民の手に権力を取り戻すことであり、われわれは勝利に望みをいだいている。これらの人びとは高い教養も知性ももっていない。だが、まったく腐ってはおらず、脱アメリカ化してもいない。われわれの運動の構成員や指導者はみなこうした階級の人間であり、知識人やリベラル派が反対するのはほとんど自明の理である。彼らは支配権を握り、アメリカニズムを裏切り、われわれは彼らの支配権を奪おうとしているからだ。

われわれが弱点を抱えていることは間違いない。そのために、「田舎者」とか「世間知らず」、「車は中古のフォード」といった非難を浴びているのだ。それは認める。そのうえ、われわれのほとんどは言語能力に乏しいため、もっとも効果的な方法で自分たちの状況を説明したり、改革運動を弁護することがなかなかできないでいる。

すべての民衆運動は、まさにこうした障害を負ってきた……。

だが、冷たい知性をもたず、情緒的で本能的であるからといって、クランはその事実が弱点になるとは考えない。あらゆる行動は情緒にもとづくものであり、推論にもとづくものではない。行為の源となる情緒や本能は、何千年にもわたってわれわれの内に育まれてきた。つまり、人間の頭脳にある理性よりもはるかに古いものなのだ。……それらは偉大な歴史的文書以上に重要なアメリカ文明の礎石である。本性を喪失した知識人の形だけの推論とちがい、情緒や本能は信頼に値するものだ。

（ホフスタッター『アメリカの反知性主義』田村哲夫訳）

ここでエヴァンズは、「知識人やリベラル派」が「支配権」を握っている状況に批判を向ける。これは、まさに森本氏が言う「知性と権力との固定的な結びつきに対する反感」と重なる反知性主義の構図である。ホフスタッターは、第二期クランの活動に、「古き開拓者の後裔たる大多数のアメリカ人」と「知的雑種である『リベラルたち』」との闘争を読み解いている。ここに共感を覚えた数百万人もの人びとがクランのもとに集ったのである。トランプ現象とクランとの接点は、ここにある。

トランプ人気の消散

「知識人やリベラル派」に対して「昔ながらの平均的市民」の主張を代弁するエヴァンズの言葉は、まるでトランプの弁明のようにも響く。しかし、いまから九〇年前に残されたエヴァンズの言葉が、まったく色あせていない点には驚かされる。トランプ候補の「暴言録」に並べても収まりが良いほどに、トランプ現象と第二期クランは、根本的に通じるところがある。となれば、第二期クランの盛衰に、トランプ現象の行く末を探ることはできないか。

まず指摘できるのが、反知性主義は、森本氏の著書の副題にもあるように、一時的な「熱病」であるという点である。引き潮は数年で必ず訪れる。

第六章でも詳述するが、第二期クランの衰退の要因には、直接的なものと間接的なものがある。直接的な要因の一点目としては、第二期クランが主張していた移民制限が、一九二四年の移民法によって実現したことが挙げられる。

二点目には、クランの幹部の一人であったデーヴィッド・スティーブンソンが起こした婦女暴行事件が挙げられる。被害者の女性は自殺した。キリスト教の精神と道徳の復権を訴えてきたクランの幹部が起こした事件によって、人びとは一気にクランから離れていった。

つぎに間接的な要因では、一点目に、クランの「金脈」が明らかにされた点がある。クランは巧妙な集金システムを導入し、末端から上層部へと入会金や諸費を上納する「金脈」を整えていた。最盛期には、一日に三万五〇〇〇ドルの金がアトランタの本部に流れこんだ。この「金脈」が、代表の座をめぐって法廷で争われた裁判により、白日のもとにさらされた。

間接的な要因の二点目は、根本的に第二期クランが、なにも具体的な成果を上げられていなかった、という点が指摘できる。移民法の制定には部分的に寄与することがあったにせよ、そもそも、クランが主張したアメリカニズムの推進やキリスト教道徳の復興は、目に見える成果が容易に得られる性質のものではない。大義を支えるほどの内実がともなっていなかった点、これが第二期クラン衰退の根本的な要因だと指摘できる。

以上の第二期クランの盛衰をふまえて、トランプ現象の行く末をどうみるか。

直接的要因は、いずれも決定的とはなり難い。というのも、移民排斥の法律が実現したからといって、クランを離れる理由にはならないからだ。これを実績とし、新たな課題に取り組めばよいはずである。婦女暴行事件は、退会者の続出に大きく影響した。しかし、クランの活動が深く会員の社会生活に根差していたならば、数百万人規模の組織が幹部の不祥事一つで崩壊するはずはない。したがって、第二期クランが衰退した根本的、かつ最大の要因は、掲げられた大義を実現する内実をともなっていなかった点にあるといえる。

ひるがえってトランプ現象を考えると、トランプの政治主張はいずれも実現不可能な内容ばかりである。万が一、トランプが大統領になったとしても、三権分立が徹底されているアメリカの政治制度では、トランプが強権性を発揮できる隙はほぼない。アメリカの大統領は、議会に法案を提出する権限すらもたない。いくら大統領でも、所属政党や連邦議会、各種委員会との協力関係なしに、政権運営はできないのである。それゆえ、仮にトランプが大統領に当選したとしても、凡庸な政治しかできないとの見方が強い。凡庸な政治に支持者が失望するとき、トランプ人気の消散は現実のものとなるだろう。

第二章　秘密結社大国アメリカ

秘密結社とは

アメリカの結社を研究した社会学者のマーク・C・カーンズは、一九世紀のアメリカを「結社の時代」と呼んだ。なぜ、アメリカでは結社が流行したのであろうか。第二期クランでは、最大で数百万人もの市民が秘密結社であるクランに入会したとも見積もられている。秘密結社に対する社会の受け止め方は、日本のそれとは異なるようである。アメリカ社会で秘密結社とはどのような存在であったのか。クランの盛衰へと迫るまえに、まずアメリカ史における結社の位置づけを確認しておきたい。

カーンズによれば、南北戦争後の三〇年間をみると、アメリカ人男性の五人から八人に一人が結社に加入していたという。有名な結社の会員数をみると、「オッド・フェローズ」八一万人、「フリーメイソン」七五万人、「ピシアス騎士団」四七万人、「レッド・メン」一六万五〇〇〇人で、この時代、およそ五〇〇万人がなんらかの結社に所属していた。時代が下るとその数は、一八九六年には六四〇万人、一九一一年には九〇〇万人に達したという報告もある。

そもそも秘密結社とはどのような組織であったのか。人類学者の綾部恒雄氏は、秘密結社を「血縁関係にもとづかない、秘儀を伴う任意の社会集団」と定義している。そして、秘密結社は、その知識や伝承などの秘密を、加入者が限定的に共有するため、「秘密」こそが組織を成立させるための肯定的な本質だとしている。

秘密結社にもさまざまな種類がある。カーンズの『結社の時代』では、秘密結社は「政治的秘密結社」と「入社的秘密結社」の二種類に分類されている。

政治的秘密結社とは、政治状況に不満を抱いた集団による、現勢力に対する圧力を目的とした結社であり、この場合、目的が達成されると、組織は解消する。カーンズは、具体例として「マフィア」、「ボルシェビキ党」、「ブラック・パンサー党」などを挙げている。クランも「政治的秘密結社」に分類できる。

入社的秘密結社は、組織の求心力を秘儀に求め、儀礼が組織の存在価値を担保している結社のことをいう。「フリーメイソン」、「オッド・フェローズ」、「ピシアス騎士団」、「レッド・メン」などはこれに分類される。

フリーメイソンとアメリカ

アメリカの歴史と縁の深い秘密結社といえば、フリーメイソンであろう。フリーメイソンは現代でも、会員数六〇〇万人の世界最大の秘密結社である。このうち四〇〇万人の会員がアメリカ人といわれ、イギリス発祥の秘密結社ながら、じつに会員の三分の二が新大陸にいる。ここからもアメリカ人の秘密結社に対する趣向をうかがい知ることができる。なお、フリーメイソンの会員は成人男子に限られる。

秘密結社というと、人里離れた「アジト」のような隠れ家で集会を行うイメージがつきまとう。しかし、フリーメイソンの場合、集会所である「ロッジ」には、正面に「メイソン・ホール」や「メイソニック・センター」と堂々と銘板《めいばん》が掲げられており、大都市から田舎町まで、全米に一万六〇〇〇の拠点が点在している。したがって儀礼を除き、闇に包まれた組織というわけではない。

もともとヨーロッパの石工の職人集団(ギルド)であったフリーメイソンは、一八世紀に入り、博愛主義的な友愛結社として生まれ変わった。近代フリーメイソンの歴史は、一七一七年六月二四日、聖ヨハネの日に、イギリス国内の四つのロッジがロンドンにあった酒場「グース・アンド・グリドアイアン」に集い、ロッジの上位統括組織「グランド・ロッジ」を結成したことにたどられる。一七二〇年代の後半には、当時、イギリス領植民地であったアメリカにも、フリーメイソンのロッジが設けられる。

フリーメイソンが移民を通じてアメリカに根づくころ、結社はすでにエリートたちが集う組織へと変貌していた。一〇年ほどで会員数は六〇〇〇人に増え、やがて、初代合衆国大統領ジョージ・ワシントンやベンジャミン・フランクリンら、アメリカを代表する名士や知識人、実業家らが会員として名を連ねるようになる。アメリカの「独立宣言」に署名した五六名中、確証できる資料では九名がフリーメイソンの会員であった。

フランクリン・D・ローズヴェルトやハリー・S・トルーマンら、アメリカの歴代大統領のうち一三名がフリーメイソンの会員とされ、チャールズ・リンドバーグやヘンリー・フォードも入会していた。

フリーメイソンは自己研鑽に励み、博愛主義に満ちた人間を目指すための友愛結社であるが、もちろん会員は道場のような場で修行を積んでいるわけではない。社交クラブと捉える方が、より実情に即している。

ちなみに、日本人で初めてフリーメイソンの会員となった人物は、明治期の哲学者、西周《にしあまね》と法学者の津田真道《まみち》であった。かれらは留学先のオランダのライデンで、一八六四年にフリーメイソンに入会している。

フリーメイソンは日本にも支部があり、その紹介本は「キワモノ」を含めて数多い。だが、「オッド・フェローズ」、「ピシアス騎士団」、「レッド・メン」はあまり知られていない結社である。簡単に概観しておこう。

「オッド・フェローズ」は、一八世紀の初頭、イギリスで創設された友愛結社である。アメリカでは一八一九年にT・ワイルディによって結成され、結社の伝統が受け継がれた。

「友情、愛、真理、信仰、希望、慈愛、普遍的正義の発展と、これを通じた人間性の進歩・向上」を目指すことをモットーとして掲げている。会員は、会員同士の病気の見舞いや、困窮者の救済、死者の埋葬、孤児の教育などの義務を負う。

会員数は一時期、フリーメイソンを上回ったこともあるというが、日本人には馴染みが薄い結社だろう。しかし、一八八九年には横浜に、一八九一年には神戸に、それぞれ「オッド・フェローズ」のロッジが設けられたそうである。二一世紀の現代にも、世界二六ヵ国に一万ちかくのロッジがあり、会員数は六〇万人を数える。

「ピシアス騎士団」は、「友愛、慈善、慈悲」をモットーに掲げた友愛結社で、クランとほぼ同時期の一八六四年二月一九日、教師をしていたジャスタス・ラスボーンによってワシントンD・Cで設立された。これはアメリカ生まれの秘密結社である。二一世紀の現代でも、全米に二〇〇〇のロッジがあり、会員数は五万人。オーストラリアや中国など世界六ヵ国に支部をもつ。

「レッド・メン」は、「赤い男たち」と訳せるが、白人が中心の秘密結社である。結成は一八一三年といわれているが、現代につづく「レッド・メン」は一八三三年、東部メリーランド州ボルチモアで創設された。会員にはアメリカ東海岸の富裕層が名を連ね、一九二〇年代には四六州に支部があった。会員数も五〇万を数えたが、現在は二万人にまで減少している。愛国主義を謳い、アメリカ的生活の向上を目指している。

相互扶助のために

ところで、興味本位でフリーメイソンの年会費を調べてみたところ、支部や位階《いかい》によって異なるようだが、二〇一五年三月時でおおむね七五ドルから三五〇ドルであった。ロータリークラブの年会費は五二ドルなので、フリーメイソンの方が高額である。会費以外にも活動費や寄付金が必要で、入社的結社の存立意義である加入儀礼の秘密を守るという目的で支払う金額としては十分に高額である。したがって、秘密結社へ加入する人びとの動機には、実業界での人脈を築くなど、実利的な目的も大きい。

しかしながら、一九世紀のアメリカ人が秘密結社にこぞって入ったのには、アメリカ独自の事情があった。

フランス人の政治思想家アレクシス・ド・トクヴィルは、一八三一年から翌年にかけて、アメリカを旅して『アメリカの民主政治』(一八三五・一八四〇)を著した。この本でトクヴィルは、結社へ入会するアメリカ人の性向について、ヨーロッパのような伝統的な階級制度が存在しなかったアメリカでは、個々のか弱き市民は身を保護してくれるなんらかの団体的な力を求めたことによる、と分析している。

じつのところ、現代のように政府の保護や保険事業が整っていなかった一九世紀、「オッド・フェローズ」が病気の見舞いや困窮者の救済、孤児の教育などの相互扶助の役割を担っていたように、秘密結社は生命保険や社会保障を担保する機能を果たしていた。一九世紀後半、アメリカでは産業構造が転換し、工場労働者が増え、同時に労働災害が頻発していた。秘密結社は、共済組合の役割も担っていたのである。たしかに一九一五年に再結成された第二期クランも、会員権には生命保険が付帯していた。このような会員同士の扶助体制は、一九世紀、アメリカに広がっていたフロンティアの存在により、さらに実利的な魅力を帯びていた。

アメリカ史におけるフロンティア

アメリカ人の精神性は、ときに「フロンティア・スピリット」と表現される。それほど、フロンティアがアメリカに与えた影響は大きい。フロンティアは「西部辺境」や「開拓の前線地」を意味する。国政調査局の定義に従うと、一平方マイルあたり、人口が二人以下の地域を指す。場合によっては、人口が三人から一八人の地域もフロンティアとされた。

フロンティアは、しばしば旧世界ヨーロッパとの違いを際立たせるときに引き合いに出される。この点を考察したフレデリック・ジャクソン・ターナーの論考「アメリカ史におけるフロンティアの意義」は、一八九三年に発表されて大きな反響を呼んだ。論考でターナーは、西部フロンティアにこそアメリカ史の真の見方があるとして、主に以下の点を指摘している。

①　フロンティアは、アメリカへ移住を希望する移民に社会的機会を約束し、社会的・経済的向上の実現の場となった。
②　フロンティアは、東部の経済的・社会的・心理的な安全弁の役割を果たした。
③　アメリカの民主主義は、フロンティアの自治を通して推進された。
④　フロンティアによって個人主義が進展した。
⑤　フロンティアはその土地と政府との結びつきが強かったために、ナショナリズムの基盤となった。
⑥　フロンティアの環境下で、ヨーロッパの影響が薄れて、人種間の混淆《こんこう》が生じ、「アメリカ人」が誕生した。
⑦　個人主義、民主主義、物質主義、反知性主義、楽天主義、浪費性、婦人の尊重などの国民性は、フロンティアにおいて生まれた。

右のようなターナーの考察には批判もあるが、ここからいかにフロンティアがアメリカ史において重要な役割を担ったかを、推し量ることができる。

秘密結社が拡大した時代背景

一八〇三年、第三代大統領トマス・ジェファソンはフランスからミシシッピ以西の広大な土地を買収した。その後一八四八年にカリフォルニアで金が発見されて、ゴールドラッシュが沸き起こると、フロンティアは東部と西部の両側から開拓され始める。東西のフロンティア・ラインがロッキー山脈で交わるのは一八九〇年頃で、この年、アメリカでは定義上のフロンティアの消滅が宣言される。

このアメリカのフロンティア開拓を下から支えたのが、秘密結社であった。そもそも、移住者たちの移動と、開拓地の生活を担った蒸気船や駅馬車の開発者には、秘密結社と関わりのある者が多かった。

開拓地を目指してニューヨークにやって来た移民たちは、エリー運河を通って西部を目指した。ニューヨークを流れるハドソン川からカナダ国境のエリー湖までを結んだこの運河の開発事業を支えたデイヴィッド・クリントンは、ニューヨーク州知事であったが、フリーメイソンのグランド・ロッジで、支部長のポストに相当するグランド・マスターを務めていた。

ほかにも、運河を行き来する蒸気船の開発者として、ロバート・フルトンとともに知られるジョン・フィンチも、ペンシルベニア州のフリーメイソンの会員であった。中西部のミズーリとカリフォルニアとを最速三二時間で結んだ速達の郵便傳馬、「ポニー・エクスプレス」のサービスを開始したアレクサンダー・メイジャーズとウィリアム・ラッセルも、ともにミズーリのフリーメイソンであった。

フロンティアにおける秘密結社の役割は、開拓の最前線に目を向けてはじめて明らかになる。ちょうど、『トム・ソーヤーの冒険』（一八七六）や『ハックルベリー・フィンの冒険』（一八八五）で知られる作家のマーク・トウェインも、フロンティアの暮らしを経験していた。その体験を記した『西部放浪記』（一八七二）は、この作家らしいユーモアにあふれた旅行記で、トウェイン研究者としてもおすすめの一冊である。

トウェインは一八六一年、中西部のミズーリ州からネヴァダのカーソンシティを目指して出発した。当時、一八四九年から本格化するカリフォルニアのゴールドラッシュはいち段落していたが、ネヴァダではまだ金鉱熱、銀鉱熱は冷めていなかった。小さな鉱山町が山間部に点在し、この地方の中心地であったカーソンシティには次々と移住者がやって来ていた。町の体裁が整ってから五年しか経過していない一八六〇年はじめ、人口は一万人ほどであった。

このような新興の町にも、秘密結社のロッジがそろっていた。新参者に向けて一八六四年に発行されたガイドブック『ヴァージニア・シティ、ゴールド・ヒル、シルヴァー・シティのための商業ガイドと辞典』(一八六四)には、フリーメイソン、「オッド・フェローズ」、「フェニアン同盟」、「ユリイカ結社」などのロッジの所在地と役員の氏名、さらに会合が催される曜日が記載されている。たとえば、フリーメイソンであれば、ネヴァダには「ヴァージニア・ロッジ」と「エスキュリアル・ロッジ」があり、前者は毎月、第二水曜日に、後者は毎月、第二木曜日に会合がもたれていた。

これら秘密結社の紹介に割《さ》いているページの位置がまた面白い。学校や病院の紹介ページにつづき、ガス会社や水道会社に先がけて、フリーメイソンや「オッド・フェローズ」など秘密結社のロッジが紹介されているのである。それによって、いかに結社が移住者の生活に直結していたか、うかがい知ることができる。

そもそもフロンティアの前線は、合衆国の領土でありながら政府の統治権力が十分に及んでいない地域であった。当然のことながら、社会的インフラも貧弱であった。ある程度、人が集まり町としての体裁が整うと、秘密結社のロッジが設立されて、後続の移住者の世話にあたった。

じつはマーク・トウェインもフリーメイソンの会員であった。フリーメイソンとトウェインの関係について研究した辻和彦氏によれば、トウェインは一八六一年にはフリーメイソンに入会していた。旅先ではフリーメイソンのロッジを訪ね、極西部でも、フリーメイソンの人脈を頼ったとしている。アメリカを代表する作家トウェインも、フリーメイソンのネットワークをあてにしながら人生の一歩を踏み出していたのである。

フロンティアには秘密結社のほかにも、事業者組合として、「印刷業同業者組合」や「馬保険組合」、「火災保険組合」、さらに中西部には「農業協同組合」などがあった。フロンティアに目を向けると、一九世紀にアメリカで秘密結社が拡大していった時代背景が浮かび上がる。

一八九〇年にフロンティアの消滅が宣言されて以降も、アメリカにおける秘密結社の存在意義は消えなかった。秘密結社が担った相互扶助の社会的必要性は、世紀転換期にアメリカへ大量に押し寄せる移民たちに引き継がれた。

第五章で詳述するが、一九世紀末に南欧や東欧からアメリカへやって来た人びとは、「新移民」と呼ばれた。かれらのなかには英語を十分に話せない人もいて、同族結社が世話にあたることもあった。「イタリアの息子たち」、「ポーランド民族同盟」、「アルバニア人協会」、さらに「日本人会」や華僑のネットワークも広義の結社といえる。秘密結社は、人の移動の激しいアメリカで、人びとの生活を支えていたのである。

これらの友愛精神にもとづく結社と異なり、南北戦争後のアメリカ南部には政治的結社が乱立した。じつはクランと政治的主張を同じくする結社も数多くあった。たとえば、「ミシシッピの白人戦線」、「白い顔団」、「サウスカロライナの赤シャツ団」、「緑の騎士団」、「白い連盟」、「流浪者たち」、「見えない鞭」、「白椿騎士団」などがそれである。しかし、抜群の知名度をもち、後世にまで語り継がれている結社は、クランをおいて他にない。

第三章　クー・クラックス・クランの誕生

結成にまつわる噂

第一期クランが結成されてから、最初の一年間の全貌を伝える確実な情報は見つかっていない。この時期の情報源は、ほぼレスターとウィルソン著『クー・クラックス・クラン――その起源、発展と消滅』(一九〇五)(以下、レスターの『クラン』と略記)に限られる。そして、これまでに出版された第一期クランに関する研究書は、この『クラン』と、その本を情報源にしながら、内容に独自のアレンジを加えたウィリアム・リチャードソンの『歴史的プラスキ――クー・クラックス・クランの生誕地』(一九一三)や、スーザン・デーヴィスの『クー・クラックス・クランの本当の歴史――一八六五―一八七七』(一九二四、デーヴィスの『クランの歴史』と略記)の内容を頼りに記されている。

ただ、レスターの『クラン』の内容は、どうも信憑性に乏しい。さらに、デーヴィスの『クランの歴史』では、その情報がいささか歪められている。しかし、これらの研究書はクラン研究においては重要であるので、この章では、まずは、内容の真偽のほどは差し置いて、レスターの『クラン』と、デーヴィスの『クランの歴史』にもとづきながら、初期クランの様子を紹介してみたい。

クランは、テネシー州のプラスキという田舎町で南北戦争の直後に結成された。テネシーといえば、日本では一九五二年に江利チエミが「思い出なつかし／あのテネシー・ワルツ……」と歌い大ヒットとなった「テネシー・ワルツ」が馴染み深い。あの甘美なメロディーには、アメリカ南部の昼下がりの田舎道がよく似合う。ちょうどプラスキも、そんなアメリカ南部ののどかな田舎町である。現在の町の人口は八〇〇〇人ほど。クランが結成された当時の人口は三〇〇〇人程度であった。

レスターの説明によれば、クランはこの町で一八六六年五月から七月にかけて結成された。設立メンバーは六名の若者で、みな南北戦争で従軍した元南部連合軍の兵士であった。六名の名前もはっきりしている。すなわちフランク・マッコード、ジョン・ケネディ、ジェームス・クロウ、リチャード・リード、カルヴァン・ジョンズ、ジョン・レスターの六名で、年齢は全員二〇代半ばであった。

若者たちは一八六五年の春、戦いが終わってプラスキの町に戻った。町は戦争で活気を失い、プランテーションも働き手を失って荒廃し、みな暇をもて余していた。さらに、サイクロンの襲来で町には甚大な被害が生じていた。

ある晩、仲間たちはプラスキの町の名士で、カルヴァン・ジョンズの父親であったトマス・ジョンズ判事の事務所に集まった。そこでレスターは、「この倦怠《けんたい》を打ち砕いて、母親や娘たちを励まそう。なにかクラブのようなものを始めよう」と提案する。そして、組織の名前、ルール、加入儀礼について翌週までに考えてくることにした。

図1　クラン結成の地とされる建物（筆者撮影）

秘密結社の話で盛り上がった六名は数日後、場所をトマス・マーティン大佐の家に移してふたたび会合を開く。ちょうど大佐一家は仕事でプラスキを離れ、ジョン・ケネディが留守を頼まれていた。かれらは大佐の家で秘密結社の具体的な話を始めた。

結社の名前を考えたのはケネディであった。かれは、ギリシャ語で「結社」や「輪」を意味する Kuklos から、"Kukloi" を名前にしてはどうかと提案した。するとクロウが、「Ku Klux と呼ぼう」と応じた。そして、仲間のみながスコットランド系アイリッシュの末裔《まつえい》であったため、かれらの出身地の clan という「氏族」をあらわす言葉をつけ加えようということになった。全員の合意が得られたので、そこで clan を語呂のいい Klan に直して Ku Klux Klan という名前が生まれた。このようにレスターは伝えている。

組織の活動については、つぎのような説明がある。クロウが、組織をミステリアスにしようと提案すると、誰かが変装してはどうかと応じた。一行はマーティン大佐の家の母親のクローゼットを物色したところ、「ごわごわした麻のシーツと枕カバー」がみつかった。六名の若者はそれを被ってふざけはじめた。さらに、馬にもシーツを被せてみたところ、しだいにかれらに、だれかを驚かせたい願望が芽生えはじめたという。

かれらは馬に乗って闇夜に繰り出し、メンバーの母親や恋人の家に向かった。そして、プラスキの町の通りをゆっくりと練り歩き、人に出会うと手を振ってグロテスクなジェスチャーをしてみせたりした。翌日、町には奇妙な一行によるパレードの噂が広まり、沈みきっていた町に、すこしだけ活気が戻ったという。この仮装が、しだいに夜、黒人を驚かせる遊びへと転じ、やがて黒人を脅迫・リンチする組織へと発展していった。

加入儀礼をめぐる噂

結成から一ヵ月後には、プラスキの町で数百人がクランに興味をもつまでになっていた。かれらはどのようにクランに加わったのであろうか。組織拡大の要《かなめ》となる加入儀礼について、レスターの『クラン』とデーヴィスの『クランの歴史』の記述をたどりながら、紹介してみたい。

クランの規約では、メンバーが自らクランであると公言することは認められていなかった。したがって、クランへの加入を希望する人物が身近にいた場合、メンバーはその人物にそれとなく近づいて、自分はクランに加入する方法を知っているとほのめかし、しかじかの日、しかじかの時間に、プラスキの外れの森につづく道で待つように、と教えた。

当初、加入儀礼はジョンズ判事の事務所で行われていた。だが、メンバーが増え、事務所が手狭になると、一時、設立メンバーの一人、フランク・マッコードが編集者を務めていた地元の新聞社『プラスキ市民』の社屋が使われた。しかし、一八六六年の夏頃には、集会所はプラスキの町から一〇キロメートルほど西にいった、カーター・ヒルと呼ばれる森のなかにあった、医者のベン・カーター邸へと移された。なお、クランの拠点は「巣窟《デン》」と呼ばれたが、カーター邸に置かれた「巣窟」は、第一期クランが解散する一八六九年まで、クランの本部となった。

さて、加入希望者が指定された日時にカーター邸へとつづく道を進むと、カーター邸から五〇ヤードほど離れた道端で「官吏」と呼ばれたクランの案内係と出会うことになる。かれはクランの衣装に袖を通し、バッジをたくさん身につけていた。加入の意志を告げると、「官吏」はかれにいくつか質問をして、人物に問題がないようであれば、もっていたホイッスルを二度鳴らすのであった。

ホイッスルの音は、「巣窟」の前で見張りをしている二人の「夜警」に届き、そのうちの一人が応じてホイッスルを鳴らし返せば、「巣窟に案内せよ」との合図となった。この合図があると、「官吏」は入会希望者に目隠しをして、「巣窟」まで案内した。入会希望者は「巣窟」に着くと、小部屋へ入れられて待たされた。場合によっては、ちょっとしたイタズラが施されて、加入の意志を試すこともあった。

「巣窟」は、「一つ目の巨人」と呼ばれた者が仕切っていた。クランの結成当初は、発起人の一人であるフランク・マッコードがこれを担当していた。準備が整うと、加入を希望する者は目隠しされたまま大広間へと連れられて、「一つ目の巨人」からあらゆる質問があびせられた。質問に対する答えによっては、加入が認められないこともあったという。

　納得する答えが聞き出せた場合、「一つ目の巨人」は「この

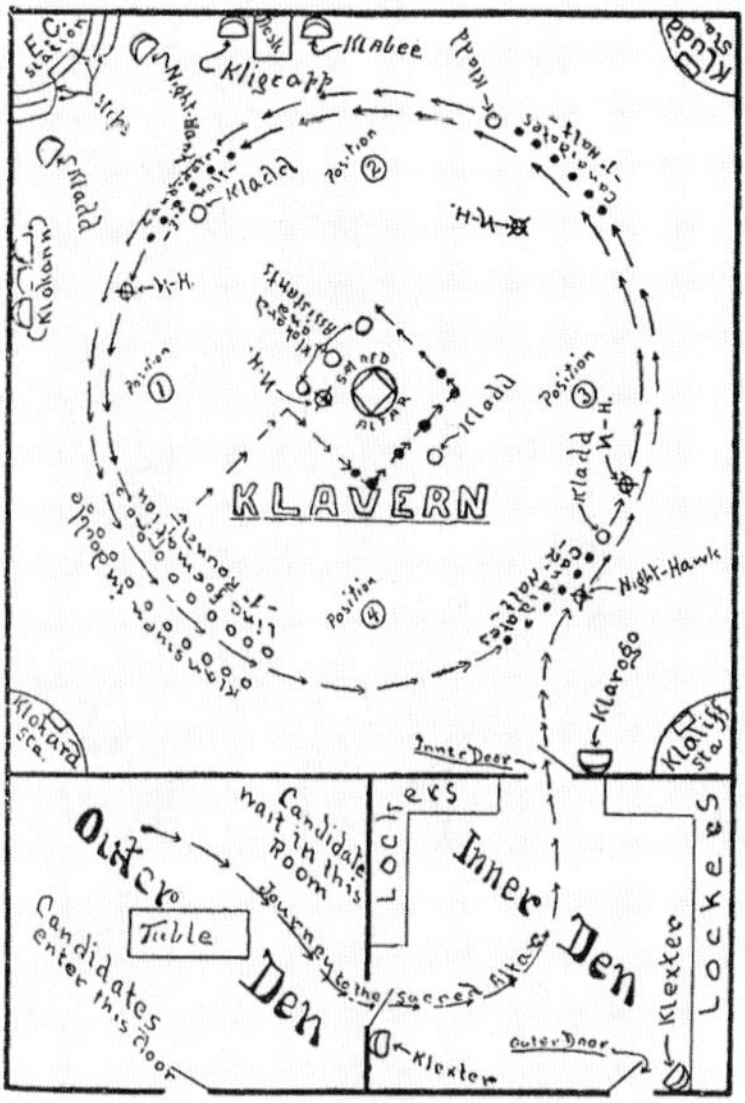

図2　『クロラン』にある儀礼進行の図

者、王の鏡の前にやり、王者の冠を与えん」と言った。「一つ目の巨人」がそう言うと、目隠しをされた希望者の頭には古い破れた帽子がのせられて、前には大きな姿見が用意された。破れた帽子には、ロバの耳が縫い付けられていた。そして加入希望者には、一八世紀末のスコットランドの詩人ロバート・バーンズの詩の一節、「おお、他者が我を見るがごとく、我に自身を見る力を与えたまえ」の復唱が求められた。この一節の最後の言葉を唱え上げると、その瞬間、目を覆っていた布が取り外されるのであった。

目の前の鏡に映るのは、ロバの耳が縫い付けられた破れた帽子を被る間抜け面をした自分の姿で、この状況をすぐに理解できない新参者の様子を見て、メンバーは抱腹絶倒するのであった。すなわち、初期クランでは加入儀礼もイタズラの一環であったというわけである。

もし、年齢が若すぎる少年が加入を求めてきた場合、道端で待つ「官吏」はかれを追い返した。それでも帰らない少年がいると、「官吏」は少年に目隠しをして森のなかへと連れて行き、切り株に座らせてしばらく待つよう命じた。いくら待ってもなにも起こらないことに不安を覚える少年は、我慢ができなくなり自分で目隠しを取り去るのであるが、そのとき、少年はようやく騙されたことに気づくのであった。

このほか、メンバーとしてふさわしくない人物が来た場合には、「樽落としの刑」と呼ばれる過激なイタズラもあった。これはカーター邸があった小高い丘の上から、良からぬ者を樽に投げ入れて転がり落とすという仕打ちであった。そのイタズラは、クランに敵対する人物が結社の内情を探りに来た場合などに用いられた。実際に、テネシー州のブラウンロー知事が送り込んだスパイが転がり落とされたと伝えられている。ナッシュヴィルの「巣窟」では、転がした樽が川まで落ちることもあった。

イタズラ集団クラン

クランは結成当初、仮装姿で夜中に歩き回り、人びとを驚かせていたといわれている。月夜の晩、白い帽子にガウンという格好で町外れの道を徘徊し、身元を尋ねる人があれば、「わしはあの世から来た精霊だ。わしは、チカマウガの戦いで殺されたんだ」と、南北戦争で犠牲になった兵士の亡霊と偽り、相手を震えあがらせた。

場合によっては、出会った人に水が飲みたいと頼み、コップに入った水を受け取ると、すぐに飲み干して、バケツで寄こすよう求めた。いぶかしげな相手を横目に、水の入ったバケツを高く掲げると、水を一気に飲み干してみせ、「シャイローの戦いで殺されてから、これがはじめて飲んだ水だ。うまかった」と言って、相手を驚愕させたりして楽しんだ。

ちなみに、このトリックの種を明かせば、ガウンやローブのなかに漏斗《ろうと》とゴムチューブを忍ばせて、それを油で防水加工した布袋につなぎ、あたかも水を飲み干しているかのように見せるという単純な仕掛けであった。
このほか、ひょうたんに頭巾を被せて偽物の頭部をこしらえ、出会った人の目の前で頭をもぎ取ってみせたり、ローブの袖口に骸骨の手を忍ばせて、道行く人に握手を求めたりすることもあった。レスターの『クラン』ではつぎのような場面がある。

行進の途中で、黒人が立っていると、馬から降りたメンバーが、馬のたずなをもっているように、黒人に無言で頼んだ。そして、その間、メンバーは頭をもぎ取って、これももっておくように、と差し出した。黒人は声を出して逃げ出していった。黒人はその日、「おれは見た、そうやっているのをたしかに見たんだ」と語った。

ガウンは上部がヒモで縛られ、頭は、ひょうたんか、厚紙でつくられていた。そして、この頭部は取り外せるような仕組みになっており、頭無し人間までもが登場した。

修正されたクラン像

レスターの『クラン』と、それを種本としたデーヴィスの『クランの歴史』には、右に述べたような噂がいくつもある。これが、第一期クラン結成時の様子であるというのだが、筆者としては納得のいかない点も多い。

そもそも、南北戦争の従軍兵士である若者が、シーツを被って仮装の「ごっこ」遊びに興じるものであろうか。あまりにも稚拙に過ぎる。またクランが行っていたというイタズラも、大人が行う類のものとは思えない。

噂の種はレスターの『クラン』によって撒かれたが、その噂を広めたのはデーヴィスの『クランの歴史』であった。かれは、随所に嘘や脚色を加えながら、第一期クラン像の修正を行っている。

たとえば、デーヴィスはクランの関係者から直接に聞いたと前置きしたうえで、加入儀礼で行う宣誓は以下のようなものだったと紹介する。

私は自らの自由意思によってクランのメンバーに申し込みます。いかなるサインやシンボル、パスワード、知り得たこと、秘密も決して口外しないと、神の御前にて、謹んで誓います。クランのメンバーとして、私は「巣窟」において酒は口にしません。酒に酔った状態でミーティングやミッションには参加しません。……私がクランの会員でいる限り、完全に禁酒します。いかなるクランのメンバーであっても、このルールを破った者は所属する「巣窟」とメンバーの多数決によって永久追放されます。

ここで不自然なのは、あまりにも禁酒を強調し過ぎている点である。

もともと初期クランは、テネシー州のスコットランド系移民を率先してとり込んでいた。そのためクランは、テネシーやケンタッキー、ミズーリの各州にあったウィスキーの密造所とも深い関わりがあった。クランが州政府と対立するようになると、ウィスキーの密造所の護衛は実質的にクランが担っていた。ほかにも、「巣窟」では、酒盛りを交えた派手などんちゃん騒ぎをしていたという目撃談もある。したがって「禁酒」はデーヴィスが加えた脚色とみて間違いない。

またクランの起源についても、デーヴィスの「尾ひれ」がある。『クランの歴史』は、クランの結成日を一八六五年一二月二四日、クリスマス・イヴと紹介する。そこでは、元南軍の兵士六人が「暖炉を囲みながら」、なにか「新しい組織のようなもの」を結成しようという話で盛り上がったと伝えている。もともと、レスターの『クラン』では、結成時期は一八六六年の五月から七月とされていた。いったいなぜ、デーヴィスはクリスマス・イヴ説を捏造したのであろうか。

おそらくデーヴィスは、フレミングという人物の著書で、クランの原型となる若者サークルが一八六五年の秋から冬にかけて結成された、という言及を目にし、六六年よりも時代をさかのぼる説を採用して紹介したものと思われる。デーヴィスは聖夜を強調し、メンバーが「暖炉を囲みながら」話し合ったとまで書き添えて、真実味を加えている。

このような脚色を施しながらも、デーヴィスは『クランの歴史』の冒頭で、公文書館で行ったという研究活動の証明書類の写しまで添えて内容を保証している。なぜデーヴィスは、ここまでして初期クランのイメージを修正したのであろうか。

第一期の実像は闇に包まれたまま

デーヴィスの修正には、『クランの歴史』が出版された一九二四年という時代が大きく影響している。一九二四年といえば、第二期クランの最盛期であった。数百万人もの会員がいたと見積もられているこの時期、クランの歴史に対する関心も当然のことながら高まっていた。

第六章で後述するが、じつのところ第二期クランには、家族ぐるみで入会する娯楽組織の一面があった。当時、「女性クラン」や「ジュニア・クラン」が出現し、幅広い世代から、クランに対する関心が高まっていた。おそらくデーヴィスは、これらの読者層を強く意識して、同時代の価値観に合うクラン像へと、初期クランのイメージを修正したものと思われる。

一九二〇年代、アメリカでは禁酒法が施行されていた。第二期クランも禁酒に賛同し、積極的に潜り酒場を取り締まる活動に協力していた。ほかにも、結成日をクリスマス・イヴにすり替えたり、白いシーツでの「ごっこ遊び」の脚色を施したりしたことは、クランを子供たちに馴染みある組織とする狙いがあったのであろう。デーヴィスの脚色には、同時代のクランの価値観が影響していったはずである。もちろん、本の売れ行きを見越しての修正であったことは間違いない。

デーヴィスの脚色が、初期クランのイメージ形成に与えた影響は小さくない。プラスキに残るクランの結成地とされる建物の入り口には、銘板が掛けられ、そこには結成日が一八六五年一二月二四日と刻まれている。いまでもこの日を記憶している人は多い。

研究者のあいだにもかれが書き残した情報が広まった。たとえば、一九八七年にオックスフォード大学出版局から刊行されたウィン・クレイグ・ウェードの『炎の十字架――アメリカにおけるクー・クラックス・クラン』も、初期クランがマーティン大佐の家でシーツを被って幽霊ごっこに興じ、その勢いで町に繰り出して仮装行列を始めたと真面目に紹介している。レスターが記した噂と、デーヴィスの創作をそのまま歴史的事実として受け取っているのである。

二〇世紀後半になり、証言録や新聞記事などを辿りながら、第一期クランの実像に迫る研究が行われている。だが、それでも結成当初の一年間の全貌は闇に包まれたままである。

クラン結成の素地

クランの活動の実態がはっきりとし始めるのは、一八六七年の春から夏にかけてのことである。この年の五月、クランは結社の方針や組織の体制を協議する集会を開き、その結果を『プラスキ市民』紙上で公表した。以後、クランは本格的に政治的活動を展開し始める。

クランがこの時期に活動を活発化させた理由は、一時期、二〇万二〇〇〇人いた南部駐留の連邦軍が六六年一月には八万八〇〇〇人に減り、さらに一〇月には二万人にまで減少し、活動しやすい状況へと転じていたことが関係しているだろう。

まずは、一八六七年五月までの経緯を追ってみよう。

クランは一八六六年の夏から秋にかけて、しだいに会員数を増やす。設立メンバーの一人、フランク・マッコードが編集を担当していた地元紙『プラスキ市民』は、プラスキの町で奇妙な若者のグループが活動していると何度か報じている。レスターの『クラン』によれば、クランは結成から六週間もたたないうちに、その名声は町中に広まり、プラスキの若者はこぞってクランへの入会を希望したという。

秋になると、クランはプラスキの町の外へと組織を拡大し、テネシー西部やミシシッピ、アラバマやテキサスといった近隣の州からも加入希望者が集った。かれらは支部に相当する「巣窟」の設立許可をもらって故郷へと戻り、地元で「巣窟」を開設してメンバーを増やしていった。こうしてクランの支部は、一八六七年夏までに、テネシー州を中心に南部全土へと広がっていった。

それにしても、なぜ人びとはこぞってクランに入会したのであろうか。レスターの『クラン』が伝えるような、イタズラを行うために、遠方から人が集ったとは考えにくい。ノースカロライナ、フロリダ、ルイジアナなどの遠方の州とプラスキとは、東京と北海道、もしくは九州ほど離れている。プラスキの六名の若者が行っていた仮装とイタズラに、東西二〇〇〇キロメートルにおよぶ地理的距離を超えるほどの意義があったとは思えない。やはり娯楽にとどまらない、政治的な意図を読み解く方が自然である。

ところでクラン発祥の地テネシー州は、南北戦争の最中の一八六三年に保守系右派結社「ゴールデン・サークル騎士団」の創設者ジョージ・ビックリーが北部連邦軍に捕まった場所として知られている。この結社は、「星条旗団」という、一八四九年に創設された反移民と反カトリックを主張する秘密結社をルーツとしていた。

「星条旗団」は一八五四年に「アメリカン党」と「ノウ・ナッシング党」へと分裂する。とくに後者は、一八五四年から五五年にかけて、夕暮れどきにメンバーが徘徊する「闇のランタン作戦」を展開し、暴力行為をはたらき、選挙妨害を行ったことで知られている。一八五六年に「ノウ・ナッシング党」が解散して、その政治的立場を引き継いだのが、ビックリーの「ゴールデン・サークル騎士団」であった。じつはこの秘密結社に、南北戦争の勝者リンカーン大統領を暗殺（一八六五）した犯人ジョン・ウィルクス・ブースが属していたという説がある。ブースが南軍を支持していたので、これらの記憶が、南北戦争後もテネシー州に強く残ったといわれている。

この保守系右派の結社とクランとの関係を示す証拠はなにもない。だが、これら一連の結社が解散して一〇年ほどで、クランはアメリカ南部で五五万人もの会員をもつ保守派結社に急成長する。南部白人の保守的政治信条が、南北戦争後、クランに集約されたとみることもできるだろう。

ゲリラ集団への変貌

一八六七年三月二日、連邦議会はいくつかの再建法を承認した。南部連合州は北部連邦軍の将官によって分割統治され、新しい州法の制定に先立って、議会を召集するための選挙が行われた。そして、アメリカ南部の歴史上ではじめて、黒人にも投票権が与えられた。

二ヵ月後、クランの創設者のひとりであるフランク・マッコードは、ナッシュヴィルで開催されるテネシー州の保守派代表者会議への出席にあわせて、クランの各支部にナッシュヴィルへ集うよう召集をかける。

集会の目的は、クランの組織を再編すること、孤立した「巣窟」を整理・統合し、組織体制を整えること、有望な人物を積極的に勧誘すること、などを議論する点にあった。

一八六七年五月、テネシー州ナッシュヴィルのマクスウェル・ハウス・ホテルで会合がもたれる。この会議では、この目的の検討に先立って、クランが合衆国憲法を遵守する組織であると宣言された。そのうえで、組織の目的は、①元南部連合軍の兵士の未亡人や孤児などの弱者を無法者から守ること、②合衆国の諸法を遵守すること、③合衆国憲法および諸法の執行を助けること、などと確認された。以上の内容は、『プラスキ市民』紙上で表明された。

クランが合衆国憲法の遵守を公言した背景には、暴力事件が頻発していた南部において、クランに対する疑惑を払拭し、当局からの介入や弾圧をかわす狙いがあったとみられる。

一方、会合では、クランの代表としてネイサン・ベッドフォード・フォレストを迎えることが水面下で検討されていた。

　フォレストは長身で恰幅がよく、武闘派として知られた。南北戦争では南軍の騎兵隊の指揮官として戦線に立ち、一八六四年にはテネシー州のピロー砦の戦いで、女性や子供を含む多数の黒人を虐殺した過去をもつ。一八二一年にテネシー州のチャペルヒルの貧しい家庭に生まれ、商才に長けて財をなしたフォレストは、複数の農園を所有して数百人の奴隷を使い、奴隷売買でも成功していた。南部白人にとってかれはカリスマ的存在であった。

　当時四六歳のフォレストをクランに迎え入れたのは、従軍時に交友のあったジョン・モートンである。一八六七年六月に、フォレストはあらたに創設されたクランの最高位「大魔法使い《グランド・ウイザード》」に就任した。クランはフォレストを迎えることで、軍隊同様の指揮系統をもつ組織的ゲリラ集団へと変わっていくのである。

黒人襲撃の意図

　クランの政治思想は、時期は前後するが、一八六六年の冬から六七年の春にかけて実行に移される。この間、おそらく仮装行列という建前で行われていた夜の徘徊は、夜警へと性質を変え、そのターゲットは、とくに奴隷から解放されたばかりの自由黒人へと絞られるようになる。一八六六年の一一月には、クランが黒人の小屋を訪れているとの証言もある。また、黒人の祈禱《きとう》集会を襲撃して解散に追いやるといった暴力活動も報告されるようになる。

クランが黒人を標的にしたのは、奴隷制から解放されたことに対する怨恨を晴らすためではなかった。そもそもクランの結成者である六名の若者は、プラスキの町の上流階層に属していたが、プランテーションの経営者ではない。したがって、クランが結成された要因には、プランテーションに関わる恨みや、所有していた奴隷が解放されたことに対する反発があったわけではなかった。

また、人種差別を暴力的に実践するという目的も正確ではない。クランに対する今日の認識は、白人優越主義を唱える人種差別集団で、黒人を劣等人種とみなして差別的暴力をふるうという理解が一般的である。これは、第三期クランが黒人を標的にした過激なテロ活動を行い、世間に残した印象である。明確な線引きは難しいものの、第一期クランの活動の原動力は、黒人差別を実践することにも先立って、なによりもまず、南部社会における白人の権益確保に向けられていた。

南北戦争に勝利した北部共和党は、南部再建を円滑に進めるために、多数の共和党員を南部に派遣していた。北部から乗り込んできた共和党員は、荷物をカーペット生地の鞄に詰めてやって来るという噂から、カーペット地の鞄（バッグ）をもった人、すなわち「カーペットバッガー」と呼ばれていた。かれらは南部にやって来ると、解放奴隷たちを組織して、黒人連帯結社「ユニオン・リーグ」と協力しながら、共和党の支持基盤を固めていった。さらに、黒人に読み書きを教える学校も開設した。

この状況を、敗者である南部白人たちは苦々しい思いで見ていた。かれらは、南部再建という大義は致し方ないとしても、南北戦争中に南部連合を裏切った南部人たちや、北部から来た共和党員が黒人を組織して、南部の政界で覇権を拡大している状況には我慢ならなかった。

南部白人は、森で集会を繰り返す「ユニオン・リーグ」に対して、「白人男子はもはやこれ以上、森の野獣どもに我慢ならない」というメッセージを示し始める。黒人の政治集会や祈禱集会が開催されると耳にすれば、仲間と馬に乗って駆けつけて、松明《たいまつ》を灯しながら集会を取り囲んだ。やがて実力行使によって集会を解散へと追い込むようになる。さらには、地域の「ユニオン・リーグ」を統括する黒人リーダーを威圧しに出かけていった。

一八六六年五月、テネシー州メンフィスで、白人の暴徒が自由黒人四六人と白人共和党員二人を虐殺するという事件が発生した。黒人の負傷者は八〇人にのぼり、九〇軒の黒人の家が焼き討ちにあい、二ヵ所の黒人学校と四ヵ所の黒人教会が襲撃によって焼かれた。白人警官が事態を黙認したため、この事件での逮捕者はでなかった。その二ヵ月後、こんどはニューオーリンズで白人警官が虐殺を扇動し、三四人の自由黒人が殺害され、二〇〇名以上が負傷する事件が起こった。南部全体で、黒人に対するリンチや殺人、侮辱が広まっていた。

クランは、このような散発的に発生していた黒人に対する暴力を集約し、効果的に襲撃を加える組織となった。すなわち、クランによって南部白人の暴力は、一時的に「組織化」されていたのである。

クランの名前の由来

これまで、時間軸に沿いながら第一期クランの盛衰を紹介してきた。これをタテ糸とみるならば、この集団の全体像を編み上げるには、ヨコ糸も必要であろう。ここからは、第一期クランとはどのような集団であったのか、命名の由来、組織体制、コスチュームなどをヨコ糸にみたてて、考察を通して、組織の内情に迫ってみたい。

第一期クランは、南部連合軍が再結集した集団であり、かれらの敵は、北部軍から黒人と南部共和党支持者らに転じていた。しかし、組織的暴力をふるい、政治的目的を達成するためであれば、秘密結社としての奇妙な儀礼や取り決めは不要にも思える。だが、大義を共有する仲間と命がけでゲリラ活動に専念するとき、儀礼や取り決めが茶番であるわけにはいかない。

以後の節を通して、クランの秘密結社としての要素は、どれも真面目に結社を成立させる目的で考案されたものだと明らかになるであろう。まずは、最も謎めいているクランの命名の由来から考えてみたい。

クー・クラックス・クラン（Ku Klux Klan）は、K.K.K. という略記の方がよく知られているかもしれない。この名前の由来には諸説あるが、つぎの三つが主なものである。

一つ目には『シャーロック・ホームズの冒険』の作者コナン・ドイルの短編「オレンジの種五つ」で紹介された撃鉄《げきてつ》の音に喩える由来はよく知られている。すなわち、最初の「クー」はライフル銃の撃鉄を半分まで起こすときに出る音。つぎの「クラックス」は撃鉄が完全に起こされたときの音。そして引き金が引かれると、撃鉄が「クラン」と音を立てて一気に打ち下ろされ、ターゲットに向けて弾丸が発射される、というものである。この説の初出は、クランが結成されて間もない一八六八年に出版された、『クー・クラックス・クランの誓約・合図・儀礼と目的』である。

二つ目として、先にも述べたギリシャ語源説がある。すなわちギリシャ語で「円」や「輪」を意味する“Kuklos”「キュクロス」から派生した「仲間」や「一味」を意味する“Kukloi”に、メンバーと縁があるスコットランド地方の言葉で「一門」や「一族」を意味するClan「クラン」を足して、「C」を「K」の表記に変えて命名されたと説明されることが多い。すなわち、“Kuklos Clan”が“Kuklos Klan”になり、そののち、“Ku Klux Klan”となったわけである。

ちなみに、つづりの「C」を「K」へと置き換えることは、一九世紀アメリカでしばしばみられる表記のゆれであった。たとえば、アメリカを代表する一九世紀の詩人ウォルト・ホイットマンは、カナダ（Canada）のスペルをKanadaと表記することがあった。また、了解を意味する「O.K.」という略記の「K」は、一説にCorrectのCがKにすり替わって成立した、という説もある。なにより、クランを創設したメンバーにとってみれば、K.K.K.という揃い目の略記は魅力的であったに違いない。

さらに三つ目には、クランの名のルーツを、アメリカの学生友愛団体であるフラターニティやソロリティに求める説もある。マイケル・ニュートン著『ミシシッピのクー・クラックス・クラン』（二〇一〇）では、クランの名前とそこで行われる儀礼が、一八一二年にノースカロライナ大学で設立された“Kuklos Adelphon”という名称の学生友愛団体のものを参考にしていると指摘されている。

一九二三年に編纂されたアメリカの学生友愛団体を網羅するウィリアム・レイモンド・ベアード著『アメリカの学生友愛団体マニュアル』第一〇版（一九二三）を繙くと、ノースカロライナ大学の“Kuklos Adelphon”は、“Old Kappa Alpha”“Circle of Friends”といった名称でアラバマ、ルイジアナ、ミシシッピなどの南部諸州の大学に広がり、テネシー州のユニオン大学にも一八六一年に支部が置かれていたことが確認できる。組織は南北戦争の直前、"Pui Mu Omicron"へと名称を変更した。だが、南北戦争でメンバーの多くが戦死したこともあり、一八六六年頃に消滅している。このほか、一七九四年に設立されたテネシー大学では、一九世紀中に七つの友愛団体が結成されていたことが記録されている。

このような学生の友愛団体はアメリカの各大学に多数おかれていて、その支部の数は一九〇五年で三万六〇〇〇を数え、男女合わせて二四万二〇〇〇人が加入していた。組織は通例、名称としてギリシャ文字を三つ並べ、それぞれ三語のイニシャルをとって略称とした。たとえば、「アルファ・オメガ・ベータ」は「α・Ω・β」といった具合である。ちなみに、アメリカ北東部の名門校ダートマス大学には、「カパ・カパ・カパ」という名前の団体が存在し、その略称は「K.K.K.」であった。

したがって、クー・クラックス・クランという名称は、ギリシャ文字を三つ並べるという学生の友愛団体の慣例にならって命名された可能性も考えられる。このアイデアをもち込んだのは、設立メンバーのうちジョン・ケネディかジェームス・クロウと思われる。ケネディはケンタッキー州ダンヴィルのセントラル大学で学んでいた。クロウは地元テネシー州の単科大学で法律を学んでいた。ただ、新聞編集人であったマッコードと、法律家であったリードも、高等教育は受けていたはずで、かれらが提案した可能性も否定できない。いずれにしても、重要なのは、当時、このような学生の友愛団体が若者のあいだで馴染みのある組織であった、という点である。それゆえ、かれらが秘密結社を結成することのハードルは、それほど高いものではなかった。

「見えざる帝国」の怪物たち

一八六七年五月のナッシュヴィルで開かれた会合によって、クランの組織は合衆国の統治制度を真似たものへと再編される。すなわち、最上位は国家に相当する「見えざる帝国」、つぎに州に相当する「王国」、さらに州内の選挙区域に相当する「領土」、そして郡に相当する「管区」、そして末端の支部を「巣窟」として、それぞれ定めることが決まった。このように組織は階層別に分割されたのである。

各区分に、それを司る位階を重ねると、つぎのようになる。なお、訳語と説明の手順は奥田暁代氏ほか訳『クー・クラックス・クラン——革命とロマンス』のそれに倣った。

クランの勢力が及んでいる地域は「見えざる帝国」と呼ばれ、「大魔法使い《グランド・ウイザード》」と一〇人の「精霊《ジーニー》」が君臨した。「王国」は「大竜《グランド・ドラゴン》」と八人の「海蛇《ハイドラ》」が、「領土」は「大巨人《グランド・タイタン》」と六人の「復讐の女神《フューリー》」が、さらに、「管区」は「大巨漢《グランド・ジャイアント》」と四人の「小鬼《ゴブリン》」が、それぞれ統括した。末端の「巣窟」は、「一つ目の巨人《グランド・サイクロプス》」と二人の「夜警《ナイトホーク》」がこれをおさめた。

支部には、ほかに「大修道士《グランド・モンク》」、「大書記《グランド・スクライブ》」、「大金庫番《グランド・エクスチェッカー》」、「大首切り人《グランド・ターク》」、「大歩哨《グランド・センティネル》」といった称号をもつ係がいた。ちなみに、儀礼を執り行う場合には、「一つ目の巨人」が議長を、「大修道士」が副議長を務め、「大首切り人」が執行官となり、「大金庫番」が会計を仕切り、「大歩哨」が見張りと雑務を担当した。

ピラミッド型の組織へと再編されたクランは、元南軍のカリスマ指揮官であったフォレストを迎えて、急速に軍事的性格を帯びるようになる。のちにフォレストは、クランのメンバーは南部に五五万人ほどいて、もし有事になれば、四万人の男たちを五日以内に南部の然るべき場所へ派遣することができた、と証言している。南北戦争に従軍した経験のある大佐や元軍人を数多く巻き込みながら、クランは組織的ゲリラ集団へと変貌したのである。

公には南部白人男性のための友愛団体を標榜し、組織の無害性を主張しながらも、水面下では、政治的目的を果たすための体制が着実に整えられていた。再編されたクランとは、南北戦争に敗れた南軍が、水面下でふたたび組織的行動をとるために集った、覆面の軍事組織であった。秘密結社というヴェールをまとい、南部連合軍はクランのもとで再結成されていたのである。

加入儀礼の実態

　クランは結成当初、メンバーも少なく、加入儀礼はジョンズ判事の事務所で行われていた。やがて加入者が増え、事務所が手狭になると、一時、メンバーと関係のあった地元新聞社『プラスキ市民』の社屋を使って行われた。だが、ほどなく拠点はプラスキ郊外の空き家へと移された。

　この邸宅は、しばしば廃墟であったと紹介されるが、決して幽霊屋敷のような古びたものではなかった。一八六五年一二月に町を襲った台風で、建屋の一部が壊れて使われなくなっていた邸宅であった。崩れずに残った大小三つの部屋、すなわち、手前に小さな部屋が二つ並び、その奥に大部屋が一つあるという、この構造（図2）がクランの儀礼を行う際の間取りの基本となった。

　では、秘密結社クランの加入儀礼についてみてみよう。「加入儀礼をめぐる噂」で紹介した形式が基本となっているが、「遊び」の要素はみられない。メンバーの紹介で集まってきた入会希望者は、儀礼が行われるクランの支部「巣窟」の外で目隠しをされて、「夜警」という案内係に付き添われながら小さな部屋から大部屋へと進み、所定の位置に立つことになっていた。

開会の儀がはじまると、「希望の讃美歌二四一番」とイギリス人ヘンリー・ビショップ作曲の「埴生《はにゅう》の宿」が歌い上げられて、目隠しされたまま頭に王冠が乗せられる。そして、一八世紀末のスコットランドの詩人ロバート・バーンズの詩の一節、「おお、他者が我を見るがごとく、我に自身を見る力を与えたまえ」の復唱を求められた。この一節の最後の言葉を唱え上げると、その瞬間、目を覆っていた布が取り外される。

図３　儀礼を執り行う20世紀のクラン

目の前には、儀礼を司る「閣下」と呼ばれる議長が立っている。クランの称号で「一つ目の巨人《グランド・サイクロプス》」と呼ばれるこの人物は、「巣窟」を統括している。かれの両脇には、クランの旗が立ち、祭壇の上には、鞘《さや》に入った剣と聖書と桶が置かれていた。このあと、誓約や新入会員の紹介などが行われた。

この儀礼は、一説には学生の友愛団体の加入儀礼を模したものとされるが、学生友愛団体を研究するアルバート・スティーブンズは、クランの儀礼のルーツを、さらに「マルタの息子」など他の秘密結社にたどっている。スティーブンズの説が正しいとすれば、クランは当初から真面目な儀礼を定めており、先に紹介した噂は、あとから脚色されたものということになる。

いずれにしても、秘密裡に執り行われた儀礼が仲間同士の結束を固めていたことは間違いない。たしかにヴィクトリア時代のフリーメイソンの儀礼を研究したリン・ダムニルは、儀礼こそが秘密結社の結束力の核心であったと分析している。

暗号とサイン

一八六八年に定められたクランの規約には、この組織についての「起源、計画、奥儀、そして、儀礼について、書き残してはならず、口頭にて伝承される」と記されている。しかし、すべてを口頭で伝えることは実務的に不可能である。そのため、規約集にはクランが日時を指すために用いていた暗号のような表記が定められている。実際にこれを暗号と呼ぶにはお粗末すぎる代物であるが、ちょっとした仕掛けがあって面白い。

暗号は、言葉を置き換えるだけの極めて単純なものである。しかし、置き換えられる言葉が、すべて情感あふれる「形容詞」である点は注目すべきであろう。

たとえば、暦の月を表す場合、一月は「陰鬱な」、二月は「神秘的な」、三月は「嵐の」、四月は「奇妙な」、五月は「花盛りの」、六月は「光輝く」、七月は「痛々しい」、八月は「不吉な」、九月は「色あせた」、一〇月は「憂鬱な」、一一月は「輝かしい」、一二月は「薄暗い」と定められている。これらは、一番から一二番までの順番を示す場合にも用いられる。

曜日は、月曜日は「白い」、火曜日は「緑の」、水曜日は「青い」、木曜日は「黒い」、金曜日は「黄色い」、土曜日は「真紅の」となっている。これらは、ⅠからⅦまでのローマ数字を示す場合にも用いる。

さらに、時刻については、一時は「恐ろしい」、二時は「驚嘆させる」、三時は「驚くべき」、四時は「不安にさせる」、五時は「哀れをそそる」、六時は「ぞっとさせる」、七時は「忌まわしい」、八時は「凄惨な」、九時は「すさまじい」、一〇時は「身の毛のよだつような」、一一時は「怖い」、一二時は「最後の」となっている。これらは単に一から一二までの数字を表す場合にも用いる。

勘の良い方はお気づきであろうが、名詞ではなく形容詞が用いられていることで、表記のヴァリエーションは無限となる。選りすぐられた意味深げな形容詞によって、位階の称号にも通じる独特の世界観が繰り広げられている。

ところで、現代でもクランに関わるサインやシンボルは多数ある。そのうちのいくつかを米国のユダヤ人団体「名誉毀損防止同盟」（Anti-Defamation League）が集約した情報を参考にみてみよう。

まず、クランは頭文字にKが三つ使われているので、三という数字が重視され、「33」で「K.K.K.」を意味する場合がある。また、「6」という数字も、「三＋三＝六」と解釈することで「K.K.K.」を示す。ほかには、「AKIA」は「A Klansman I Am（私はクランのメンバーである）」のイニシャルとなり、「AYAK」は「Are You A Klansman?（おまえはクランのメンバーか？）」、「KIGY」であれば「Klansman I Greet You（クランのメンバーだ。おまえを歓迎する）」を意味する。

さらに、身体を使ったサインも用いられている。たとえば、挨拶として左手を鋭角に前方へと突き出す仕草がある。ヒトラー時代のドイツ、ナチスの挨拶に似ているが、クランでは右手ではなく左手を掲げる。また、この挙手と同時に、しばしば胸元で右手を使って横向きにした「ピース」に似たサインを示す場合もある。横向きのピースは、クランのイニシャル「K」を表し、これによってクランのメンバーであることを伝えるのである。

以上、現代もみられるクランのサインについて紹介したが、注意しておきたいのは、これらのサインや略記は、相手を侮辱する記号になるという点である。この情報は知識だけに留めて、決して用いるべきではない。

結成時のメンバーたち

第一期クランを結成したのは、どのような人物であったのか。すでに第三章冒頭の「結成にまつわる噂」で少し触れたが、ここでさらに詳しくみてみたい。クランを創設した六名には共通点が多い。

まず、六名はともに南北戦争時の南部連合軍に従軍した元兵士であった。ジョン・レスターとジョン・ケネディ、リチャード・リードはテネシーの第三歩兵隊に所属していた。カルヴァン・ジョンズはテネシーの第三二歩兵隊の副隊長を務め、負傷経験もあった。フランク・マッコードは正規軍ではなく、テネシー州の義勇軍に所属していた。

ジェームス・クロウの戦歴は他の五名よりもずば抜けている。かれはアラバマ州の第四歩兵隊に所属したのち、テネシー州の第三五歩兵隊に所属して、各地の戦場を渡り歩いた。多くの戦死者を出したリッチモンド方面での作戦（死者八万）やペリービルの戦い（死者一万）、テネシー州で戦われたシャイローの戦い（死者二万四〇〇〇）にも従軍し、三度負傷し、怪我によって二度の除隊を経験している。いちどはスパイの疑いで北軍に逮捕されたこともあった。仲間は絞首刑にされたが、クロウは無罪放免となり命拾いをした。

メンバーの共通点はほかにもある。みな、キリスト教の教会員であった。レスターとマッコードはメソディスト（プロテスタント一派）教会員であり、クロウとケネディ、リードはプレスビテリアン（プロテスタントの長老派）教会員で、ジョンズはエピスコパル教会

図4　クラン創設初期のメンバーたち

（英国国教会系米国聖公会）の会員であった。なお、クロウはテネシー州のフリーメイソンの支部長も務めていた。

さらに、クランのメンバーはみな高等教育を受けており、レスターとジョンズ、リードは法律家であった。ケネディはセントラル大学で、クロウはジャイルス単科大学で法律を学んだ。マッコードはジャイルス郡で唯一の新聞社『プラスキ市民』の編集者であった。

また、ジョン・レスターはのちにテネシー州議会の議員となる。

また、全員スコットランド系移民の末裔《まつえい》であった点も共通している。プラスキにはスコットランドからの移民が多く暮らしていた。クランははじめ、スコットランド系の若者サークルであったとの指摘もある。二回目か三回目の会合から、同じくスコットランド系のL・ピアーシーとジェームス・マッカルムもクランに加わっている。このほか、プラスキの「巣窟」には、ロバート・ミッチェル隊長やトーマス・マッコイ隊長が所属し、M・

S・ウォータース博士、ジェームス・バウワース博士といった町の名士が加わっていた。

　このようにみると、クランのメンバーには、元南部連合軍の兵士で、教会員であり、高等教育を受けた人物という共通点が浮かび上がってくる。したがって、レスターは結成当初のメンバーについて品行方正な人物が選ばれたと証言しているが、説得力があるように聞こえる。もっとも、プラスキから独立した「巣窟」が増えると、メンバーの質も変化して、しだいに組織の統制がとれなくなるのではあるが。

謎の女性クラン

　第一期クランは、白人男性の組織であった。ところが、ただ一人、女性のメンバーがいた。

　クランは一八六七年五月にナッシュヴィルのマクスウェル・ハウス・ホテルにおいて会合を開いた。ナッシュヴィルはプラスキから八〇キロメートルほど北にあるテネシー州の州都である。会合の際、場所の提供に一役買ったと思われるのが、ナッシュヴィルでニコルソン・ハウスというホテルを経営していたニコルソン夫妻である。

　じつは、妻のエレクタ・ニコルソンは、第一期クランで唯一の女性メンバーであったといわれている。彼女の素性を知る手がかりはほとんどない。マサチューセッツ州出身の父親とコネチカット州出身の母親の子供で、一八二九年にマサチューセッツで生まれたこと、そしてナッシュヴィルへとやって来て生地商人のアイザック・C・ニコルソンと結婚したこと、ニコルソン夫妻は生地商いで得た財産をもとにホテル経営をはじめ、ナッシュヴィルでもっとも客室数の多いホテル、ニコルソン・ハウスを経営していたこと、これくらいしか明らかにできていない。

マサチューセッツといえば合衆国の北東部ボストンのある州である。そこから、いつ、なぜ彼女がナッシュヴィルへとやってきたのか、はっきりとしていない。だが、北部出身でありながら、彼女は「慈悲の天使」、「真の南部淑女」であったと、クランのメンバーのペティ・ペルハム大佐は太鼓判を押す。彼女は南部連合の軍人やその家族に対して、援助と慰みを惜しみなく与えていたという。

ところで、ニコルソン夫妻はいつからホテル経営を始めたのであろうか。ナッシュヴィル市立図書館の資料によれば、一八六〇年代よりニコルソン・ハウスという名の「風変わりな下宿屋」があった、とある。また一八六五年三月二一日付の『ナッシュヴィル・デイリー・ユニオン』紙には、ニコルソン・ハウスの広告が掲載されている。図5の写真にはたしかに「ニコルソン」という文字が確認できるが、ホテルの名前は一八六九年にテュレーン・ホテルへと変わっているため、この写真は一八六九年までの間に撮影されたものと分析できる。

さて、あくまでも推測にすぎないが、資材が不足して物流が滞っている南北戦争中に、写真のような三階建ての立派な建物が建設できたとは考えにくい。したがって、夫妻がホテルの営業を始めたのは南北戦争より前のはずである。すると、ニコルソンとクランとの関係のはじまりは、南北戦争中、テネシー第三歩兵隊などに所属していたクランの創設メンバーが、ナッシュヴィルでニコルソン夫妻の経営するホテルに滞在したことが縁となったのではないだろうか。

図5　ナッシュヴィルのホテル、ニコルソン・ハウス

ここまで筆者がエレクタに関心を寄せる理由は、彼女が第一期クランにおいて、衣装の縫製を担当していたのではないか、と推測しているからである。このあとで紹介するとおり、第一期クランは、風変わりな衣装を着て活動していたが、そのデザインの意図は明らかになっていない。この謎を解く鍵を、エレクタが握っているのではないか、筆者はこう考えている。

エレクタは針仕事を得意としていた。彼女の名前はナッシュヴィルの女性評議会の会員簿にも確認できるが、この評議会は女性が縫製技術を身につけることを奨励していた。また、夫のアイザックは、生地の商売で財をなし、戦時下でも生地を融通できる立場にあった。明らかにできた点は以上であるが、残念ながらエレクタがクランのローブ製作に関わったという確証には至っていない。

ちなみに、戦後、ニコルソン・ハウスにはクランのメンバーがしばしば滞在していた。彼女はローブ作りだけでなく、ナッシュヴィルでのクランの活動も支えていたとみられる。名称を改めてテュレーン・ホテルとなった建物は、ナッシュヴィルでも最高級のホテルとして一八七〇年代から八〇年代にかけて人気を博した。

エレクタは経営手腕に長けた女性であった。彼女は一八八二年に夫アイザックを亡くすが、その前年にも、テネシー州の東端マクミンヴィルにあった温泉保養所クリスプ・スプリング・ホテルを買収して名前をニコルソン・スプリングと改め、手広く事業を展開した。彼女は一九〇七年、クランのローブ製作についてなにも明かすことなくこの世を去った。ナッシュヴィルのテュレーン・ホテルは、第二次世界大戦後まで街の老舗ホテルとして構えたが、一九六一年一二月二五日、火災で焼失してしまった。

第一期クランは緋色が基調

クランといえば、図6にあるように、白い三角帽子に白のローブ、白い目出しマスクという格好が一般的に知られている。白色のコスチュームは、白人優越主義を表象すると考えている方も多いことだろう。しかし、第一期クランのコスチュームは、じつは白色ではなく緋色を基調としていた。

図6　第二期クランのマスクとローブ

「クラン＝白装束」というイメージを社会に広く知らしめたのは、一九一五年に公開されたD・W・グリフィス監督の映画『國民の創生』であった。これはトマス・ディクソン・ジュニアの『ザ・クランズマン』（邦題『クー・クラックス・クラン　革命とロマンス』奥田暁代・高橋あき子訳）を原作とした、南北戦争後の社会を描いた長編映画である。当時、映画はモノクロであった。したがって、白の衣装を身にまとったクランのメンバーは、銀幕でひときわ引き立った。その白と黒のコントラストに、南部の人種構成が重ねられているようにも見える。

だが、第一期クランのローブは、緋色を基調としていた。赤色は、南北戦争時に南

図7　『國民の創生』のポスター

軍が掲げた旗の色である。南部連合軍は、一八六一年から六三年まで、三本の横縞《よこじま》線に七つ星の入った軍旗を使用していた。だが、南北戦争後、南部連合の旗として広まったのは、赤地に星入りの青い線が格子状に入ったテネシー州の軍旗であった。こちらは現在のアメリカ国旗のデザインを採る北軍の旗よりも赤色が際立っている。クランがなぜ緋色を選んだのかは定かではない。しかし南部連合時代の旗の色と、なにか関係があるのかもしれない。

もう一点、当時のアメリカで、「ドリー・ヴァーデン」というスタイルが流行していた点も指摘しておきたい。ドリー・ヴァーデンは、日本で「オショロコマ」と呼ばれるサケ科に属する魚の名前で、産卵期に腹まわりが紅色になることで知られる。

ただ、当時のアメリカで「ドリー・ヴァーデン」といえば、チャールズ・ディケンズの小説『バーナビー・ラッジ』（一八四一）に登場する娘ドリー・ヴァーデンを指し、彼女が身に着けていた丈長で膨らみのあるスカートが特徴の服装が「ドリー・ヴァーデン」という名で最新の流行となっていた。

　この服装には、ドリー・ヴァーデンの名前の由来となったオショロコマの腹部を想わせる、燃えたつような緋色もある。あくまでも推測であるが、エレクタが、資材難の再建期でも余剰のあった流行の「ドリー・ヴァーデン」のキャラコを、クランのコスチュームとして採用した可能性も指摘しておきたい。

怪しいクランズメン

　では、第一期クランはどのような格好をしていたのか。しばしば紹介されるのは、図8や図10のイラストである。二〇世紀の白装束クランの写真と比べると、ローブに暗色系の生地が用いられている点で、様子がまったく異なる。

　これらのイラストは、第一期クランを描いたものとして、さまざまな文献で紹介されている。解説では、決まって一八六八年二月一九日付と一八七二年一月二七日付の『ハーパーズ・ウィークリー』誌に掲載されたイラストとある。これは、東部文壇を代表する著名人が寄稿することで知られた硬派な文芸誌である。

　この雑誌がそれぞれ図に付した解説には、図8は「アラバマ州ハンツヴィルで逮捕された武装したクー・クラックス」、図10は「ミシシッピ州で逮捕された変装中のクー・クラックス」とある。だが、本当に第一期クランを描いたものなのだろうか。筆者はこれについては疑わしいと考えている。

『ハーパーズ・ウィークリー』の解説では、いずれも逮捕されたクランのメンバーとあるが、なぜ逮捕されたメンバーが、武器を手に、ポーズを決めているのか。クランの凶悪性を読者に訴えるのであれば、よりふさわしい構図があるだろう。さらに、逮捕者とは思えないほど、みなリラックスして立っている。記念撮影のようなポーズのとり様である。

じつは、これらのイラストには、下絵と思われるポストカードが存在していた。図8のイラストは、図9のポストカードの写真を下絵にしている。写真をよく見ると、背後には右端にギリシャ神殿のような建物が、左端には熱帯地域を想わせる植物が写り込んでいる。したがって、これは写真スタジオで撮影されたものと推測できる。逮捕したクランを写真スタジオまで連れて行って、撮影することは現実的ではないだろう。

図10の下絵は、はっきりしていない。だが、図11のポストカードに写るズボンタイプのコスチュームと雰囲気がよく似ている。こちらも、写真館で撮影された写真と思われる。図10の右側、腰ひもを回した人物とも相似している。図10の作成にあたり、図11のポストカードが参照された可能性は高いだろう。ただ、クランのコスチュームがズボンであった

図10 「ミシシッピ州で逮捕された変装中のクー・クラックス」（1872年）

図８ 「アラバマ州ハンツヴィルで逮捕された武装したクラン」（1868年）

図11　図10の人物と相似している絵葉書の写真（撮影1871年）

図９　図８の元ネタとみられる絵葉書の写真（撮影1867年）

という記録はない。

これらの人物はいったい何者なのか。かれらが正式なクランのメンバーであったかどうかは定かではないが、すくなくとも身に着けているコスチュームは、当時、活動していたクランの服装とは異なる。次節で紹介する第一期クランの服装の特質と比べると、かれらが「本物」のクランでないことは明らかである。考えられる可能性は、かれらはクランを真似た無法者か、もしくはクランの格好を真似たいわゆる「コスプレ」か、この二点である。

クランを真似した無法者集団は、一八六八年頃には南部各地に出没していた。なかには、黒人がクランの格好を模倣して、脅迫しに来たという証言もある。第一期クラン全盛期の一八六八年から六九年にかけて、南部では、正式なクランのメンバーとまがい者が、区別のつかないほど混在していた。したがって、写真に写っているのはその一味であった可能性はある。

後者のイラストが掲載された一八七二年、第一期クランは完全に解散していた。クランの代表フォレストは、一八六九年一月に解散を宣言し、以後は、各地の「巣窟」が独自に活動するか、仲間同士で不法を働く活動が散発していた。だが、このような活動も、一八七一年に「クラン対策法」が徹底されると、収束に向かう。

「クラン対策法」は遡及《そきゅう》法である。すなわちそれは、法が制定された時点よりも前になかのぼり、処罰できる法律であった。そのため、七二年に残党がクランの格好をして逮捕されるというのは、どうも不自然である。組織自体が崩壊しているなかで、わざわざクランの衣装を身にまとい、活動する利点はない。

やはり、このポストカードは、クランという南部の不気味な集団の話題が世間を騒がせているときに作られた、商業的な目的のものと考えるのが自然ではないだろうか。そして、イラストとして描き直されるときに、元のポストカードに写り込んでいた写真館の背景画を消し去り、路地裏を思わせるブロック壁を描き足したのであろう。

緋色のクランズメン

それでは、あらためて第一期クランの服装について考えてみたい。じつは、第一期クランの衣装を写したとされる写真がいくつか残っている。図12は、アラバマ州フローレンスの州立師範学校の博物室が保存していた、プラスキのクランのものとみられる。ユニフォームの写真である。ローブの色は緋色で、白い縁どりがなされていて、生地はキャラコであった。帽子はフランネル地で、白いキャラコの縞《しま》がはいり、口と目には穴が開けられていた。

第一期クランの衣装を撮影した写真は他にもある。図13はプラスキの第四「巣窟」に所属していたというR・J・ブランソンの写真である。この人物は、プラスキでクランに加入し、そのあとアラバマ州、サウスカロライナ州を転々として、数ヵ月で複数の「巣窟」の立ち上げに携わった。ブランソンの写真はもう一枚存在している。図14では、室内でポーズをとっている。衣装は図13のものと同じと思われる。

さらに、初期クランの衣装を写したと思われる写真が二枚存在する。図15はテネシー州のクランのメンバーで、ある「巣窟」の「一つ目の巨人」を務めていたアニー・クーパーが着用していたと説明書きのある衣装である。息子が執筆した本に掲載されていた。

もう一点、北部から乗り込んできた「カーペットバッガー」をリンチするクランズメンの写真も存在している（図16）。こちらは衣装を着用した複数のクランが、首にヒモが巻かれた「カーペットバッガー」を取り囲んでいる。顔にはグロテスクな面をつけて、長い三角帽子を被っている。

さて、これらの写真のどれが真正クランのコスチュームなのであろうか。レスターの『クラン』によれば、「会員はそれぞれ決められた格好をしなければならなかった。顔には目と鼻の部分に穴を開けた白いマスク、背の高いボール紙でできた帽子、人がすっぽりと隠れる長さのガウンかローブを着ていた。色や素材についてはとくに決められていなかっ

図14　図13と同様、R・J・ブランソン着用のクランの衣装

図12　プラスキのクランの衣装

図15　テネシー州のクランの衣装

図13　R・J・ブランソンが着用するクランの衣装

図16 「カーペットバッガー」をリンチするクランズメン

た」とある。

レスターの説明を信頼するならば、写真に写ったロープの形状は合致している。だが、マスクやロープの色、それに素材については相違がみられる。なぜ、このような違いが現れるのであろうか。ここからは、「対クラン法」の制定に向けてテネシー州議会の軍事委員会で聴取された証言録を繙き、さらにクランの正装の実態に迫りたい。

テネシー州モーリー郡コロンビアに住む機械工ギルバート・アーキンは、緋色の衣装を着たクランを、昼夜を問わず目撃している。「みな馬に乗り、馬は覆面とガウンで覆われていました。もっとも数が多かったのは、一八六八年七月四日、コロンビアで目撃した集団でした。およそ五〇〇名はいたかと思います」。このあとアーキンは、自分が別の組織に所属していたことでクランから責められ、辞めなければ縛り首にすると脅されたと証言している。

二〇歳の農家、ウェズリー・アレキサンダーもこの集団を目撃していた。「コロンビアで、七月四日、四、五〇〇人を目撃しました。かれらは赤い衣装を着てマスクで顔を隠し、馬にもカバーをかけていました。なかには白い服の人もいて、白い旗に黒字がかいてありました。ほかには、三本縞が入った旗もありました。白地に赤い線だったと思います。おーい、と叫んだり、ホーイと叫んだりしていました」。

出典が変わるが、ジェームス・ビアードが一八七七年に残した『KKKスケッチ集』には、このような描写もある。

馬に乗った人は、列をなして、みな同じユニフォームを着ていた。かれらの幽霊を装った格好でとくに目立っていたのは、黒くて長いローブだった。頭から足先まであり、無数のボタンが飾り付けられており、ボタンの大きさは直径一・五インチ（約三・八センチ）ほど。それらは星空の下で、小さな月のように輝いていた。ローブには正面と下部に切れ目が入っていて、乗馬時に動きを妨げないよう配慮されている。腰には赤い絹のスカーフがしっかりと巻かれていた。かれらは重厚な素材でこしらえたマスクで顔を隠していた。マスクは、目と鼻と口の部分に穴があけられて、その穴は赤い生地で縁どられていた。さらに、頭にも奇妙な飾りをつけていた。背の高い黒い帽子で、形状はヘルメットのようで、首周りを被う布も縫いつけられている。これらは先の大戦で使用された軍用品に似ていた。……これにも同じようなボタンの装飾が施されている。高位とみられる人物には、目立つ羽飾りがつけられた。羽の色は、白と赤と青で、位階によって異なっていた。一行は、腰のあたりにスカーフとともに、目をひくようなベルト状に巻かれた大ぶりの軍用ピストルを携えていた。

このほかにも証言はあるが、おおむね第一期クランの衣装の特徴は、以下のようにまとめられる。ローブの色は緋色、白色、もしくは黒色で、長さは肩から足首まであり、正面にボタン留めがあった。ローブの色が黒色という証言は、闇夜で緋色が黒く見えた可能性も否定できない。みなマスクをして、頭飾りをつけている場合もあった。

ただ、証言を突き合わせると、クランの正装がはっきりと決まっておらず、支部ごとに決められていた可能性も考えられる。南北戦争後の混乱期、五五万人が所属したといわれるクランの、全員の衣装を統一することは不可能であろう。ひょっとしたら、あの女性クランのエレクタ・ニコルソンは、テネシー州の「巣窟」の衣装を担当していたのかもしれない。

ちなみにレスターは、第一期クランがバッジのような鉄片をつけて、笛を携帯していたと書いているが、たしかに「衣装には、ボタンではなく、輝く特大のスパンコールが飾りつけされていた」という目撃証言もある。この鉄片とは、どのようなものか。クランの行進を目撃した一五歳の少年の証言には、「軍用水筒を半分に割った大きなボタン状の丸いオーナメントを付けていた」という言及がある。このような月光下で輝く金属製のオーナメントは、クランが夜に活動していたことを物語っている。

奇妙な風貌の謎

ところで、第一期クランはなぜ三角帽子に奇妙な覆面、全身を覆うローブ、という格好で活動していたのであろうか。まず考えられるのは、匿名性を保つ狙いである。襲撃を行うとき、誰であるか特定されにくいことは重要である。しかし、匿名性の確保が目的であれば、三角帽子や奇妙な覆面は不要である。わざわざ動きにくい厚手のキャラコ地のローブを羽織る必要もない。なぜクランは、風変りな格好をしていたのか。

理由は明らかではないが、政治結社という第一期クランの性質を踏まえると、次のように説明できるだろう。第一期クランの活動は、黒人や共和党の白人を脅迫し、かれらの連帯を阻み、投票を阻止する狙いがあった。したがって、「ユニオン・リーグ」に加わる黒人らを威圧して、その活動を萎縮させる必要があった。そのために、クランは「ユニオン・リーグ」に対抗しうるだけの、十分な組織力があることを示したのである。

こう考えると、衣装はグロテスクであればあるほど、強烈な印象を与えられる。視覚的に特徴があるほど、記憶にも残りやすく、また噂も広まりやすい。目撃者同士で情報が交わされる際にも、同じ組織だとたやすく照合される。すなわち、第一期クランの奇妙な風貌は、水面下で広がるクランの組織力を、視覚的に印象づけるための工夫であったと分析できる。

ところで、グロテスクな風貌を装うにしても、なぜ、三角帽子に奇妙な覆面、そしてローブという格好を選んだのであろうか。筆者は以前、アメリカにおける占いの歴史について調べていた。ちょうど一九世紀の資料に目を通していたとき、一八六二年に出版されたある本の広告を見て、思わず声を出したことがある。その広告には図17のイラストが入っ

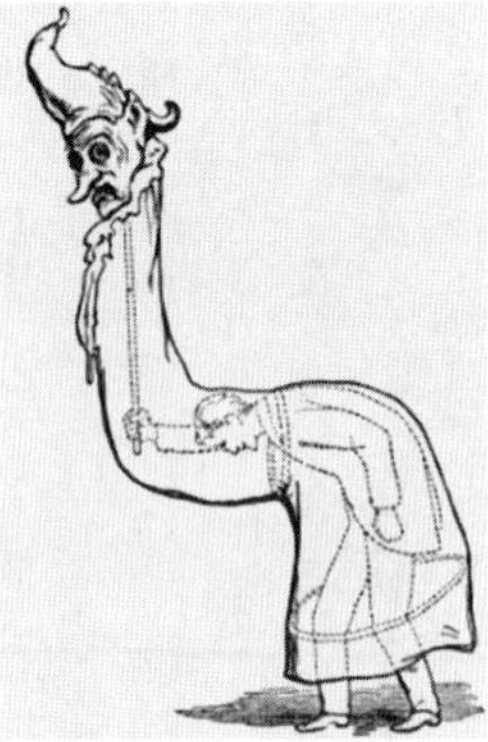

図17　首長巨人のイタズラのアイデア

図18　第一期クランのマスク

ていた。

このイラストは、イタズラのアイデアが詰まった『ディックの日暮れにやる一〇〇の楽しみ』という本の広告であった。奇妙な首長巨人がグロテスクな鉤鼻の仮面をつけ、三角帽子をかぶっている。中の人が棒で頭部を支えている様子がわかる。おそらく、人に出会うと頭部をもち上げて、巨人となって相手を驚かせたと思われる。

このイラストに描かれた帽子と鉤鼻の仮面は、第一期クランの風貌（図18）とよく似ている。細部の相違はあるものの、グロテスクな風貌を体現しようとする意図は通じている。クランのメンバーが、このイタズラ本のコスチュームを真似ていた可能性は低いだろう。だが重要なのは、この時代、このようなイタズラが一般的に行われていたという点である。クランの目撃証言のなかには、頭部が三メートルほどの高さであったという報告もある。第一期クランをめぐるさまざまな噂が広まった背景には、それなりの素地があったのかもしれない。

示威活動で町が無法状態に

ここからは、テネシー州で一八六八年の七月から八月にかけて急増したクランの示威活動に注目し、先の州議会の軍事委員会において聴取された証言を交えながら、さらに第一期クランの実情に迫ってみたい。

衣装について考察した箇所で紹介した『KKKスケッチ集』には、このような目撃証言がある。

七月四日の昼間、プラスキの市民はビラを撒きながら通りを練り歩く集団を目撃した。ビラには「クー・クラックスが今夜、通りをパレードする」とあり、町中のそこかしこに、豚や馬の背中にまで貼り回られていた。町は大騒ぎとなった。人びとは、噂には聞いていた謎の集団が、今夜、姿を現すと興奮を隠しきれない様子であった。この機会に、誰がクランのメンバーか確かめようとする者もいた。夜になると、通りには人だかりができていた。

すると、遠くでロケット花火が発射される音が響いた。行進が開始される合図のようであった。おのおのの場所で待機していたメンバーは、町へとつづく道の手前で合流し、静かに行進を開始した。メンバーの多くが南部連合軍の従軍兵士で、軍隊の規律が行き届いているようであった。みな沈黙を守り、言葉を発する者は誰ひとりいなかった。必要な指示はホイッスルを用いてやりとりされた。一列縦隊で、まるで死者の行列のように沈黙したまま、葬式の参列のようにゆっくりと、町の反対側へと向かって通りを行進した。

北進したパレードは町の外れで折り返して、南へとむかってふたたび町の大通りを練り歩いた。沈黙を守りながらゆっくりと練り歩いたために、行進は往復で二時間にも及んだという。町の人は誰がクランのメンバーであるか、特定しようと躍起になっていた。馬を見てもち主を当てようとした馬好きもいた。

だが、みなが一味だと予想していた人物は、誰ひとりパレードには参加していなかった。観衆が得たものといえば、クランのメンバーは多数に及ぶという印象だけであった。町の人のなかには、クランのメンバーは三〇〇〇人、もしくは一万人と見積もる者もいた。実際にその日、パレードに参加したのは、五〇〇名程度であった。

クランはこの行進を通して、個々の覆面の男たちの背後に構える、総勢五〇〇名という規模の組織力を、白日のもとにさらしたのである。

テネシー州のコロンビアで武器屋を営むジョージ・ハーシュは、八月二一日、直近の六から七週間で二五〇丁の拳銃が飛ぶように売れたと証言している。売った相手は「おもに白人」で、みな「自衛のため」と言って買っていった。同じく雑貨屋を営む二四歳のジョ

図19　アラバマ州のクランが出した一斉攻撃を予告する脅迫状

セフ・バートは、多種多様なピストルが急に売れはじめたと八月一九日に証言している。かれは、「白人と黒人」どちらにも売ったそうだ。数百丁の拳銃が売れたという証言はほかにもある。一八六八年七月頃よりコロンビアの町は、目に見えて物騒になっていた。

一八六八年七月九日には、コロンビアに住むダンロップに脅迫状が届く。「クランの少将の命により。貴方にシェルビービルから一八六八年七月一六日までに立ち退くよう知らせるために、この手紙を書いている。もし、立ち退きに応じない場合には、われわれが貴方を追い出し、縛り上げ、磔《はりつけ》にし、火刑に処して死にいたらしめる！　用心すべし!!」このような土地建物の明け渡しの要求があったかと思えば、鶏や豚の強奪にいたるまで、数々の犯罪行為が報告されている。

さらに、二七歳の教師トーマス・ホワイトは、ついにリンチの発生を証言している。かれも昼夜を問わず変装した人を目撃していた。コロンビアの道を行進する集団は白い布に赤字でKKKと記した旗をもち、何人かはピストルと剣で武装していた、と前置きしたうえで、このようにつづけている。

夜の一〇時半頃に、六〇〜七〇人ほどのメンバーが変装して家の前を通りました。そのとき、ビックネルは囚人を連れていました。その日の晩に刑務所から連れ出された人でした。かれは翌日、ふたたび捕まって投獄されました。だが、同じ日の晩に連中は刑務所へ行き、もういちど囚人を連れ出して、コロンビアの南一マイルほど行ったところの、プラスキ・パイクにあった木の太い枝に男を吊し上げたのです。私は棺に入ったかれをこの目で見ています。

事実、コロンビアの治安はきわめて危険な状況に陥っていた。八月一七日に州の陸軍担当者に宛てて出された匿名の手紙には、町が無法地帯と化している実情が伝えられている。

恐れながら申し上げますと、この地方はクー・クラックス・クランによって襲撃されています。連中はこの地方の、ほぼすべての黒人の小屋を尋ねて、ピストルや銃を黒人から奪い、抵抗する場合にはきわめて無慈悲な暴行を加えております。かれらは銃を手放さなかったという理由で、ナースとジムを襲撃しました。二人はギッド・フォックスに所属している黒人です。連中は、確実なる死をちらつかせて黒人を脅しています。もし黒人が投票したり、再武装したりすることがあれば、連中は黒人を襲撃するでしょう。かれらは北軍派の家にもやって来ていますが、まだ深刻な被害は与えていません。完全に、と私はあえて言わせて頂きますが、かれら自身も、政治がほぼ自分たちの手中にある、と見込んでいます。（傍点筆者）

クランが黒人や共和党支持者など、政治的な理由から標的を選別していたことはこの手紙からも明らかである。

数多くの住民の証言からも、一八六八年の夏には、テネシー州のコロンビアが尋常ではない事態に直面していたことがわかる。テネシー州議会の報告書によれば、勢力を拡大したクランは、二六〇件の不法を働き、そのうち殺人は七件、白人の鞭打ちは七二件、黒人の鞭打ちは一四一件を数えた。ほかにも、クランが共和党員二〇〇人を二日二晩追いかけ回し、山野で半分身体が焼かれた遺体が二五体も発見されたという報告もある。各地で相次ぐクランの過激な活動を受けて、各州は対応を迫られ、このあとクランを規制する法律が州議会で可決されていく。

第四章　近代化への抵抗のなかで

——黒人差別社会の成立

アメリカの黒人と奴隷制の成立

クランは南北戦争後、黒人と白人がどのような関係を築いていくか、探り合うなかで誕生した一種の白人の自衛組織であった。このとき黒人と白人を隔てていたのは、人種の壁だけではなかった。両者のあいだには、奴隷制によって成立していた前近代的な価値観と、人権思想にもとづく近代的な価値観という、決定的な認識上の溝があった。クランは、局所的にみれば奴隷制廃止や共和党支配に反対する政治結社である。だが、クランが根本的に抗っていたのは、北部から押し寄せる近代という時代の波に対してであった。

本章では、まず、アメリカの黒人奴隷制の歴史をふり返りながら、黒人差別社会が成立するまでを追う。クランをアメリカ史の大きな文脈に位置づけると、その組織の特質に迫ることができるだろう。

アメリカ独立以前の北米植民地は、大きく北部と南部に分けられる。北部のマサチューセッツ、ロードアイランド、コネチカット、ニューハンプシャー、ニュージャージー、ニューヨーク、ペンシルベニアの各植民地では、小規模経営の工業や農業が営まれていた。一方、南部のヴァージニア、メリーランド、デラウェア、ノースカロライナ、サウスカロライナ、ジョージアの各地域では、プランテーション農業でタバコや米、藍などが盛んに栽培され、独立戦争が始まる頃には植民地の対英輸出量の八割を南部諸州が担っていた。

プランテーションでは継続的に多くの人手を必要とした。当初、労働力の大半は白人の年季奉公人でまかなわれていた。入植初期の一六二五年のヴァージニアにおける人口比率をみると、総人口一二〇〇人のうち、五〇〇人が白人の年季奉公人であった。イギリスから奉公人としてやって来たかれらは、渡航費や債務などをプランテーションでの労働を通して償還した。契約の期間を終えると、自営農として必要な道具や武器、場合によっては土地が与えられて自由の身となった。

白人の奉公人がみな契約通りに自由になれたわけではなかった。ときには雇用者が理由をつけて契約を引き延ばすこともあった。また、契約期間の満了を待たずに逃亡する者や、処遇に抗議する者もいた。このようなこともあり、白人奉公人は、労働者としては扱いにくいものであった。

南部のプランテーションでは、生産性が向上するにつれて白人の年季奉公人に代わる、安価で安定性のある労働力を必要とした。ところがいわゆる「インディアン」と呼ばれたネイティブ・アメリカンは奉公人には向かなかった。白人入植者よりも土地の地理に明るかったかれらは、容易に逃亡することができただけでなく、なにより白人がもち込んだ旧大陸の病気に免疫がなく、すぐに病死してしまったからである。その結果黒人が、病気に対する免疫があり、農耕技術に優れ、また、強靭な肉体と忍耐をもち合わせた労働力として見出されていく。

最初に北米植民地へ送り込まれた黒人は、一六一九年八月二〇日、ヴァージニアのジェームズタウンにやって来た二〇人とされている。これ以前にも黒人がいたという記録はあるが、詳細はわかっていない。二〇人の黒人はオランダの商船によって運ばれて来た。かれらはカトリック教徒とみられ、白人の年季奉公人と同様に労働に従事して、契約期間が満了すると自由の身となった。なお、ヴァージニアが終身奴隷制を法的に定めるのは一六六一年からなので、かれら二〇人の黒人の身分は、厳密には奴隷ではなく奉公人であった。

奴隷制の法整備が進むと、黒人奴隷の数も増加した。奴隷制は南部だけでなく一六四一年に北部マサチューセッツでも導入され、そのあとコネチカット、ロードアイランド、ニューヨークと、一六六〇年代までに北部にも浸透した。それでも、一八世紀半ばまで、黒人奴隷の八七パーセントは南部植民地にいたとされている。

一六六二年、奴隷の身分にある黒人女性から生まれた子供を奴隷とする、「世襲的黒人奴隷制」が法的に定められる。以後、アメリカの黒人奴隷は一七世紀から一八世紀にかけて増加した。独立戦争時には、植民地全体の総人口二五〇万人の五分の一に相当する五〇万人が黒人奴隷であった。

黒人奴隷の増加を支えたのが、北部の商船主たちが行う奴隷貿易である。ヨーロッパを起点にアフリカ西海岸と新大陸とを結ぶ貿易航路、および、北米ニューイングランドを起点にアフリカ西海岸と西インド諸島を結ぶ、いわゆる「三角貿易」により、アフリカから大量の奴隷が連行された。

三角貿易のちょうど底辺に相当するアフリカ大陸とアメリカ大陸とを結ぶルートは、悪名高い「中間航路」（ミドル・パッセージ）として知られた。奴隷たちは熱帯域の大西洋を横断するあいだ、一ヵ月から二ヵ月間も手足を拘束されたまま、身動きがとれない状態で船内にすし詰めにされた。一六世紀から一九世紀にかけて、アフリカからアメリカに連れてこられた奴隷の数は、およそ一二五〇万人から一四〇〇万人といわれている。さらに七人に一人は航海の途上で命を落とした。

一七七五年にアメリカ独立戦争が始まる。この戦争に自由を求めて参加した黒人は五〇〇〇人と見積もられている。だが、アメリカの独立が果たされても、ともに戦った黒人に与えられたのは自由ではなくひどい仕打ちであった。憲法で定められるはずの奴隷貿易の禁止が、南部プランテーション経営者と北部奴隷貿易商人の画策によって反故にされたのである。

さらに追い打ちをかけたのが、事実上の奴隷制度を認める憲法の制定であった。合衆国憲法第一条第二節は、「自由人以外の人」は「自由人」に対して五分の三に算段すると規定し、憲法によって奴隷という身分の存在が認められることになった。さらに、同第一条第九節は奴隷貿易を容認する「奴隷貿易規制の禁止」を認め、アメリカ合衆国は、独立当初から憲法で奴隷制と奴隷貿易を保障した国として誕生した。

一方で、黒人奴隷制に反対する声もあった。一七七五年四月には「奴隷制反対協会」が設立される。設立に関わった主要メンバーにはベンジャミン・フランクリンがいた。フランクリンは人種理論に反対し、また奴隷制は産業の発展を阻害すると訴えた。奴隷制を廃止する州も出始める。一七七七年にヴァーモント州が奴隷制を廃止すると、北部諸州は順に奴隷制度の漸進的廃止を決定した。一八〇七年にはイギリスが奴隷貿易を禁止して、アメリカ議会でも一八〇八年に奴隷貿易を禁止する法案が可決された。

商工業中心の北部では、奴隷制の廃止が産業に与える影響はそれほど大きくなかった。他方、南部では、プランテーション経営を成立させるために、奴隷制は不可欠であった。奴隷貿易が禁止されると、奴隷の価格は高騰した。南部のニューオーリンズで行われた奴隷の競売では、一八三〇年、成人男子の値段は一二五〇ドルであった。それが一八五〇年には一八〇〇ドルにまで値上がりした。

南北戦争と黒人奴隷解放

アメリカの南北の対立は、北部の関心が西部フロンティアへと向かうなかで際立ち始める。一八二五年にエリー運河が開通すると、東部の産業資本家は北西部の農民と結びつきを強めて、国内産業の保護を主張し、高関税政策を唱えた。いっぽう、プランテーションで大規模な綿花生産を行っていた南部では、南北戦争直前には世界の綿花の四分の三を生産するまでになり、対外的な輸出を推進する自由貿易政策を主張していた。

一八五八年の中間選挙では、民主党のスティーブン・ダグラスと、共和党のエイブラハム・リンカーンが奴隷制をめぐって公開討論を行った。ダグラス候補の弱腰姿勢に嫌気がさした南部七州はもはや連邦に加盟しながら奴隷制を維持することは難しいと感じていた。そしてかれらは、連邦からの離脱を考え始めていた。

一八六〇年の選挙でリンカーンが事実上、大統領になることが決まると、一二月、サウスカロライナ州は連邦からの離脱を決議し、これにつづき、ミシシッピ、フロリダ、アラバマ、ジョージア、ルイジアナ、テキサスの各州も連邦離脱に踏み切った。一八六一年四月に南北戦争が始まると、さらに四州が南部連合に加わって、南部連合はヴァージニア、ノースカロライナ、テネシー、サウス・カロライナ、ジョージア、フロリダ、アラバマ、ミシシッピ、ルイジアナ、アーカンソー、テキサスとなった。

北部は人口二三〇〇万人で連邦軍は二〇〇万。対して、南部連合は人口九〇〇万人で九〇万人しか従軍していなかった。経済的にみても、保有する武器の数でみても、北部連邦軍の優勢は圧倒的であった。

開戦当初、リンカーンは戦争の目的について、人間の自由の原則に立ちながらも、「私のこの戦争の至上目的は連邦を救うことであって、奴隷制を救うことでも破壊することでもありません。私は、奴隷を一人も解放しなくても連邦を救えるならそうするし、奴隷を解放することによって連邦を救えるならそうするでしょう」と明言していた。

しかし、戦争が長期化し、他国の干渉が懸念されはじめると、戦争の大義は奴隷解放に傾けられた。そして、一八六三年一月に、奴隷解放宣言のための予備宣言が発表される。南軍は徹底抗戦したが、ついに一八六五年四月、南軍の指揮官ロバート・E・リー将軍は降伏した。四年にわたり六二万五〇〇〇人もの命が失われた南北戦争はようやく終結した。

南部の再建とクラン

南北戦争が終結すると、荒廃した南部の再建が始まる。一八六五年四月一四日にリンカーンが暗殺されたあと、大統領職を引き継いだのはテネシー州選出の民主党議員アンドリュー・ジョンソンであった。かれは敗戦した南部に対して融和姿勢を示し、旧南部の支配者らに特赦《とくしゃ》を与えた。さらに、黒人の公民権を否定して、黒人取締り法を制定した。一連の政策は南部の旧体制の復活へと向かうものであった。

共和党の急進派は、大統領の迷走ぶりに憤慨し、一八六七年、黒人の公民権を認める憲法修正第一四条と黒人の参政権を保障した第一五条を提案し、これを批准させる。南部諸州には、再建法受け入れの条件として、黒人への投票権の付与が求められた。再建法は一八六七年三月二日に成立するが、黒人に与えられたのは「自由」だけであった。黒人らは土地や財産を与えられないまま、丸裸の状態で放り出されたのである。このような解放奴隷を支援したのが、「ユニオン・リーグ」という秘密結社であった。

「ユニオン・リーグ」は、一八六二年、フィラデルフィアで、ヘンリー・ベローズとステファン・コールウェルによって組織された。かれらはリンカーンと連邦政府の政策を支持していた。南北戦争後、「ユニオン・リーグ」は共和党急進派と協同し、黒人の指導にあたり、その投票活動を導いた。

「ユニオン・リーグ」は各地に支部をおき、特殊な握手の仕方や儀式を行い、さらに、四つの「L」を暗号として用いた。四つの「L」とは、「リンカーン」、「リバティ」「ロイヤル」「リーグ」を指した。南部諸州では、「ユニオン・リーグ」による集会が各地で開かれた。弁論大会や共和党への支持宣誓といった政治運動とともに、宴会やバーベキューなどの社交活動で結束を固めた。

「ユニオン・リーグ」の活動は、大きな成果を上げ、一八六八年から七〇年にかけて、南部諸州では共和党政権が成立していく。その支持票の八〇パーセントは、投票率が九〇パーセントを超える黒人に依存していた。前述の「カーペットバッガー」ら北部からの支持者が、南部共和党の官職の三〇パーセントを占めて、とくに知事や連邦議員など高位のポストは、半数が北部からやって来た共和党員で固められた。

黒人の社会進出も実現した。サウスカロライナでは、ジョナサン・J・ライトが六年間、州の最高裁判所で陪審判事を務めた。ルイジアナでは、ウィリアム・G・ブラウンが教育長の職にあった。フロリダではジョナサン・C・ギブズが、州長官の職を四年間、それから公立教育局長の職を二年間それぞれ務めている。

さらに、二〇人ほどの黒人が、検察官、保安官、市長などの要職に就いた。なかには連邦議会議員に選出された人もおり、南部八州から二二人の黒人議員が誕生した。うち上院議員の二人はミシシッピ州選出であった。下院議員二〇人は、サウスカロライナ八人、ノースカロライナ四人、アラバマ三人、フロリダ、ジョージア、ルイジアナ、ミシシッピ、ヴァージニアの各州からそれぞれ一人であった。

南部人の共和党支持者は「スキャラワグ」と呼ばれた。かれらは共和党を「進歩と教育と発展のための党」と捉えていた。その多くは、南北戦争以前、連邦離脱反対派のいわゆる「ユニオニスト」（連邦主義者）であった。南部白人にとってかれらは、南部を政治的に搾取する連中に映った。しだいに、南部白人は黒人の社会進出に不満をつのらせていく。

南部白人ははじめ、解放奴隷をいわゆる「ブラック・コード」によって支配する策を探っていた。これが共和党急進派によって阻止されると、こんどは旧来の南部体制の復活をもくろみ、黒人の協力を仰いだ。だが、黒人はすでに共和党支持へとなびいていたため、かれらはリンチなどの実力行使に出はじめる。

クランの襲撃とリンチ

リンチは、一九世紀後半のアメリカ史を語るうえで避けては通れない暗い話題である。その酸鼻を極めるむごたらしいありさまは書き出すのもはばかられるほどであるが、目をそむけることなく、『アメリカ黒人解放史』（猿谷要著）からの引用を紹介しておこう。

彼が鎖で木に縛られると、その傍に燃やされていた火の中に鉄棒が入れられた。そしてその鉄棒が灼熱したとき、暴徒の一人がそれを持って黒人の身体につきつけた。

黒人は恐怖のあまりそれをつかんだ。鉄棒が離れると、肉の焼けただれる臭気がひろがった。絶叫がけたたましくあがった。真赤な鉄棒はそれからも身体のあちこちにあてられたが、そのたびに悲鳴は町中にこだました。そのあとで、覆面の男が近より、黒人の足とズボンに油をそそいだ。そして積み上げた薪にも火をつけると、焔はたちまち黒人の身体をつつんだ。

一九世紀の黒人活動家のブッカー・T・ワシントンが設立したタスキーギ大学の調査によれば、一八八二年から一九六八年までに、アメリカでは一二九九人の白人と、三四四六人の黒人、総計四七四五人がリンチを受けたという。リンチがもっとも盛んに行われた年は一八九二年で、一年間に白人六九名、黒人一六一名、計二三〇名がリンチで命を落とした。以後も一九〇一年に至るまで、ほぼ毎年一〇〇名を超える黒人がリンチを受けている。

リンチはもともと白人と黒人の別なく加えられていた。たしかに、一八八二年から八五年までの四年間をみると、リンチの被害者数は黒人よりも白人の方が三倍ほど多い。だが、一八八六年から数字は逆転し、黒人数が白人数を上回って、以後、リンチの対象は黒人に定まる。

クランが黒人に対してリンチを加えたのは、人種差別を実践するためというよりも、かれらの投票行動を阻止するためであった。もちろん、黒人が白人と同等の選挙権を有することに対する反発もあった。しかし、なによりもクランが許せなかったのは、「連邦派」に加わった「裏切り者」の南部人とともに、共和党と黒人が手を組み、南部政治を独占している状況に対してであった。

また、元南部連合軍の兵士や有権者たちは、「連邦に対して武器を取らないし、絶対にアメリカ連合を支持しない」と誓うことを強制された。これは「鉄の宣誓」といわれ、実質的には南部連合兵とその支持者たちの政治活動を制約することになった。おかげで共和党は南部で勢力を拡大したが、南部白人の反感は高まるばかりであった。このような「鉄の宣誓」は、クランをさらに追い詰めた。

一八六八年頃には、クランは南部全土で「ユニオン・リーグ」に所属する黒人や白人の共和党員を標的にしたテロ活動を展開する。アラバマ州では、幹部の地位にあったジョン・モーガンの指示で、一〇九件の殺人事件が発生し、三ヵ所の黒人学校が襲撃されて、グリーネ郡の裁判所も放火された。ジョージア州では、「大竜」のジョン・ゴードンの指示で、一八六八年の八月から一〇月までの三ヵ月間に、三九名が殺害され、五五名に鞭打ちが下された。なかには三〇〇回から五〇〇回も鞭を打ち込まれた者もいた。

テネシー州コロンビアでは、一八六八年の八月、一〇名の黒人が殺害された。同じ月、ファイエット郡では二〇人の殺人事件が記録されている。一一月になるとルイスバーグでは、クランのメンバーが町の三分の一を破壊して、共和党員の店舗を焼き討ちした。ミシシッピ州でも、「大竜」の地位にあったジェームス・ジョージの指示のもとで、黒人学校と「カーペットバッガー」に対する襲撃が行われた。同様にケンタッキー州とミズーリ州でもクランによる暴力が多数、目撃されている。

クランの襲撃は、選挙期間中になると激しさを増した。一八六八年の大統領選挙期間中、ルイジアナ州では、一〇八一件もの殺人事件があり、一三五名が銃撃で負傷した。加えて五〇七名が暴行を受けている。おなじ時期、アーカンソー州では二〇〇人が殺害されている。一八七〇年一〇月には、州議会選挙を控えたサウスカロライナ州フローレンスにおいて、一二人の共和党員が殺害された。ヨーク郡は、白人住人の三分の二がクランに所属する、クランの牙城であった。かれらは一一名を殺害し、六〇〇名を鞭打ちにして、五ヵ所の黒人教会と学校を焼き討ちにした。アラバマ州では、共和党急進派に投票した二〇〇〇人が鞭打ちにあった。

このようなクランのテロ活動は、実際に州議会の選挙結果に影響を与えた。ルイジアナ州の共和党は一八六八年一一月の総選挙後、議席を半分に減らした。かわって民主党が議席を倍増させた。ジョージア州では一八六八年に三〇〇〇人の共和党員が投票権を剝奪された。そして、二年後には民主党が州政権を奪還した。テネシー州の共和党は、一八六八年の選挙後でもなんとか議席を確保した。しかし、そのために共和党へ投票した者のうち一万八〇〇〇人が鞭打ちを受けた。

このほか、テキサス州、ケンタッキー州、ミズーリ州でも同じような暴力事件が頻発した。なかでもノースカロライナ州では、州政府軍とクランとが衝突し、州議会選挙の前日には、一二人の共和党員が殺害された。

強盗、鞭打ち、リンチの証言

ここからは、テネシー州での目撃証言を紹介しながら、さらに第一期クランの暴力の実態に迫ろう。

マーシャル郡に住む二四歳のD・B・ガレットは学校の教師をしていた。

クランは二度見ました。最初は一〇人か一二人ほど、二回目は六月一五日で二〇人ほどでした。みなマスクをして、ピストルか銃のようなもので武装していました。「首を掻っ切ってやる」と息巻き、ベン・スケールスを今夜、鞭打ちにすると言ってました。その晩、かれらはルイス・スティーゲルを連れていき、四、五〇回ほど鞭打ちにして、チャペル・ヒルへと立ち去りました。そのあと家にいたのですが、かれらは戻って来ませんでした。

独立記念日の夜、テネシー州モーリー郡で商人をしていた二八歳のベンジャミン・マーツェの家にもクランがやって来る。

七月四日の暗くなったころ、家の前に男たちの大きな分隊がやって来ました。マスクをかぶり、馬にも覆いをかけていました。五〇名ばかりはいました。私は逃げたのですが捕まり、半マイルほど連れ回されて、縛り首にすると宣言されました。そして、おまえは「ユニオン・リーグ」の人間かと尋ねられました。私はそうだと答えると、もし私がリーグに所属しているのなら、誓って、私の命を短くすると言いました。そして、私を連れていき、木に吊るすと脅しました。しかし、私は吊るされませんでした。最後、かれらは私に帰れと言いました。

二週間もしないうちに、クランの分隊が戻って来ました。以前のようにマスクをしていて、日の出の一、二時間前でした。連中は私を起こして、ドアを開けるように言いました。妻が起きてドアをあけるあいだ、私は床の下にもぐっていました。奴らはベンはどこかと尋ねたのです。妻は知らないととぼけました。連中は、「知っているはずだ、居場所をいわなければ殺す」と妻を脅しました。妻は、「それなら殺すしかないわね、知らないものは知らないわ」と答えていました。奴らは妻に鞭をふるいはじめました。そして、部屋に踏み入ると、私が隠れていないか床下を探しはじめました。「みろ、ベッドは二人ぶんだったぞ、この女は死んだも同然だ」と叫ぶ声が聞こえました。そして、どこにいるか言えと妻に迫ったのです。妻は家にはいないと答えました。そのとき子供が、ベッドの下にいると口を挟みました。そこで、連中はあたりをひっくり返しましたが、私を発見することはできませんでした。妻は、いったい夫がなにをしたというのか、と尋ねました。すると、奴らは、私が「ユニオン・リーグ」に所属している、と答えたのです。黒人はみんな「ユニオン・リーグ」に入っている、なんで夫だけ追及されるのかと妻がつっかかると、連中は、まず手はじめに夫から殺す、ここから一五ヤード北で殺すつもりだ、と答えました。そして、奴らは妻を解放しました。

以来、私は家に戻っていません。

モーリー郡に住む一八歳の農民チャールス・ベレフォントも鞭をふるわれた一人だった。

私を鞭打ちながら奴らは言ったんです。私はクズな黒人で、そのうえヤンキーの兵隊だったと。おれたちはヤンキー軍にいた奴は全員殺す、もしくは、「ユニオン・リーグ」に入っている奴も殺す、と。

尋問担当者が「その鞭打ちした人物を知っているか？」と尋ねると、ベレフォントはこう答えた。

知っていますとも。知っている。連中はジョーとウィリアムで、以前の私の若主人です。ほかに、ウィリアム・リチャードとジェームス・ハイクマンとその兄弟がいました。それから、ジェシー・タムリン、バーニー・ラムゼイもいました。

クランの衣装を着ていても、近所の者同士だと、お互いに誰なのか、声ですぐにわかったのであろう。

さらに事態は、死者が出るまでに悪化する。理髪店を営んでいた二四歳のアンダーソン・チートハムの家にもクランがやってくる。

連中はハグの家へと行きました。私の義理の兄で、向こうに住んでいました。奴らは明かりを灯して家へと押し入り、武器をさがしました。そして、以前、もっていたあのピストルはどこかと尋ねました。ハグは、あれは自分のピストルではなく、ブラウンのだ、と答えました。すると連中はつづけて、「ユニオン・リーグ」に所属しているか、と訊きました。ハグは、以前、入っていたがもう辞めたと答えました。さらに連中は、ジェフ・ブラウンはどこに住んでるか尋ねました。かれが丘の上にいるのなら、行ってとっ捕まえる気だったそうです。

奴らはウェブスターの家にいって、ドアや窓を打ち破ると、なかに入ってあらゆるものを外へ投げ出しました。それから家の床下におおきな焚火をこしらえて家を燃やしました。さらにトム・ケリーの家にいって、かれを連れ出すと、手を縛り上げ、ケリーの首にロープをまわして連れて来ました。私はそれ以来、ケリーの姿を見ていません。翌朝、ケリーは射殺されて、川へ投げ込まれたことを知りました。浮かび上がった死体から、ケリーだと判明したそうです。

ヒックマン郡に住む四五歳のルイス・プロウェルはこのように証言している。

そこには武装して覆面をかぶった一団がいました。奴らは黒人に対して暴力をふるうこともありました。奴らはこの前の水曜日、六人連れで私の家に来て、家の中へと押し入りました。そして、コーンをくれと言って、コーンを食べました。私の妻は、奴らのために食事をつくってやってました。連中は妻に名前を尋ね、妻に言いました。「おまえはこの糞『ユニオン・リーグ』の頭だな」。そう言った瞬間に、二発の弾丸が妻の身体を貫通しました。妻は即死でした。しばらくのち、奴らは私の妻が死んでいるかを確認しに戻って来ました。私は連中を逮捕するために助けをもとめて家を出ていました。しかし、誰も私を助けてはくれませんでした。この土地の「ユニオン・リーグ」の人は、保護なくしては、もはやだれひとり安全とはいえない状況にあります。反乱者たちは言っています。選挙の日には銃のバックルを上げたまま投票所へ出かけるつもりだと。黒人が投票しに来たら、追い返すつもりだと。したがわない場合には、即刻、撃ち殺すと。ジョン・ラグスディールは、これがこの州全土で計画されていると言っています。

クランの襲撃は、「ユニオン・リーグ」に所属している黒人を対象としていたが、襲われた者はそれ以外にもいた。メソディスト・エピスコパル教会の牧師、H・O・ホフマンとシルビーヴィルは、ある人物が「クランは、クソ北部人と黒人教師、それから黒人牧師の名前のリストをもっている。一ヵ月以内に、この州から全員を追い出してやる」と言っているのを耳にした。リンカーン郡の二二歳リチャード・ムーアは、「私は、黒人も白人連邦人も、この地では安全ではないと思いました。保護が必要だと思います」と進言している。

ところが、クランの暴力活動がもたらした混乱に乗じて、黒人も暴力沙汰を起こし始める。このような証言がある。

一八六八年八月四日火曜日の夜に、六人の黒人が家に来ました。かれらはマスケット銃とレボルバー（回転式拳銃）で武装していました。犬が吠えたことでわかったのです。かれらは、男がいたら顔を出せ、と呼びかけました。窓から顔を出すと、かれらは、軍人で、ブラウンロー知事から派遣されて、クランを捜索していると言いました。クランについてはなにも知らないと私が答えると、かれらは、一緒に本部まで来てほしいと頼みました。私が断ると、三つ数えるうちに、ドアを開けろ、と金槌と斧を見せました。妻がドアを開けるように言ったので、私がドアを開けると、連中は押し入ってきて、武器はどこかと尋ねました。それから、金はあるかと言って、鳥小屋から敷物の下までくまなく探しだしました。ベッド脇のトランクに入っていた四五〇ドルと、妻がもっていた七五セントをもって、かれらは出て行きました。

かれらは現金のほか、一二五羽の鶏と、シャツ六枚、テーブルクロス四枚、タオル六枚、銃一丁、時計、首飾り、ナイフとフォーク、スプーン、下着、櫛などを盗んだという。黒人による犯罪は、ほかにも報告がある。

以上の証言が物語るのは、敗戦で無秩序化した南部の状況である。むしろ、クランが一時的に白人の暴力を統制する役割をもたらしたとの見方もあるほどである。だが、これも長くはつづかなかった。一八六八年の夏頃には、クランに参加していた社会的に地位のあるメンバーの脱退が相次ぐ。統制を失ったクランは、目標なき暴力集団と化した。

「クラン対策法」

南部全土で全面展開されたクランの暴力活動は、連邦政府の注目を集めるには十分であった。さらに、クランは南部同郷人からの同情も失いはじめていた。

グラント大統領はヴァージニア州に連邦軍を派遣して、一八六八年末までに同地のクランを壊滅した。つづけてアーカンソー州にも軍隊が派遣された。クランは完全に連邦政府の敵とされていた。一八六九年一月、代表を務めていたネイサン・フォレストはクランの解散を宣言する。南部再建策に対抗するという、クランの目標が達成されたというのが解散の名目であった。

第一期クランの組織的な活動はこれをもって終結する。しかし、もはやクランに、解散を実行に移せるほどの統率力は残っていなかった。各地の「巣窟」は独自の方針で活動を継続し、行動はさらにエスカレートしていった。かれらは、「勝利」を過激な暴力の実践とはき違えていたのである。

一八七〇年より州議会と連邦政府はいわゆる「クラン対策法」を可決する。一八七〇年五月には、アメリカ国民がもっている投票権か市民権の剝奪を企てる者に対する厳格な罰則が法律で定められた。さらに一八七一年二月には選挙の実施にあたり、選挙人登録と投票に際して、連邦政府の専門職員の派遣が決定された。四月には、クランは合衆国に対する反乱組織、テロ集団と認定されて、問題が発生している地域に対して戒厳令を敷く権限を大統領に与える法案が可決される。

一連の「クラン対策法」を後ろ盾に、連邦政府が強硬姿勢に出ると、各地のクランは消滅していった。「白い椿騎士団」と共闘していたルイジアナ州のクランは一八六九年の夏までに解散した。アラバマ州とジョージア州のクランも、一八六九年から七〇年にかけて解散を宣言した。最後まで抵抗していたサウスカロライナ州のクランも、一八七一年から遅くとも一八七三年までに活動を停止した。こうして第一期クランの残党による活動も、一八七三年には終息したのである。

連邦軍が派遣されるまでに激化したクランの暴力活動であったが、それにもかかわらず「クラン対策法」で処罰された人の数は多くはなかった。テネシー州で処罰を受けたのはたった一人である。フロリダ州でも一四人が起訴されたが、刑罰を受けたのは一人だけだった。アラバマとジョージアの各州では、一六〇人のクランが起訴されたが、誰ひとり刑務所に送られなかった。ミシシッピ州では、二六二人が裁判を受けて、二八人に殺人罪が認められたが、全員に執行猶予が言い渡された。結局、一八七二年の末までに六五人のクランが連邦刑務所に送られたが、一八七五年までにほとんど全員に仮釈放か恩赦が与えられた。

クランのメンバーは、一時、南部全土で五五万人が活動していた。クランが解散したことで、かれらは覆面とローブを脱ぎ去った。しかし、クランの「精神」を捨てたわけではなかった。一八七三年一〇月、ルイジアナ州キャルファクスで、裁判所が襲撃されて六〇人以上の黒人が鞭打ちされるという事件が発生する。七四年にはルイジアナ州で「白人同盟」が結成された。さらにコーシャッタでは六〇名の共和党員が殺害され、ニューオーリンズでは二七人が殺害されている。テネシー州でも一六人の黒人にリンチが下されたという報告がある。

法的に解散を迫られても、その精神まで根絶やしにされたわけではなかった。「クラン対策法」が制定されてから、クランの残党はローブを脱ぎ捨てたテロリスト集団へと生まれ変わったのである。

黒人差別社会の成立

一八七六年の大統領選挙では、南部三州で両党が勝利宣言を行い、一八七七年の就任式直前に「一八七七年の妥協」が成立した。その結果、民主党が共和党ラザフォード・B・ヘイズの当選を認める代わりに、共和党は南部から連邦軍を撤退させた。結果、南部諸州の共和党政権は総崩れとなった。

以後、南部では、黒人の人種隔離制度が確立されていく。一八八三年、最高裁判所は「憲法修正一四条は、州政府による差別を禁止したものであり、私人による行為を連邦政府が禁止する権限はない」とする判決を下した。こうして、南部では人種の分離が進み、人種間の結婚までもが法律で禁止された。

黒人の投票権を剝奪する方策も講じられた。具体的には、登録税、識字テスト、祖父条項、所得制限など、さまざまな方法が導入されて、一九〇六年までに、南部すべての州で黒人の参政権が剝奪された。このような人種差別・人種隔離制度は総称して「ジム・クロウ」と呼ばれた。

一八九六年、プレッシー対ファーガソン裁判で、いわゆる「分離すれども平等」の解釈が示される。最高裁判所は、「平等なサービスが提供されれば、州政府が分離された施設を提供しても差別ではない」との判断を示した。この判決によって、各人種隔離法は、合憲とされ、学校、教会、刑務所、墓地、レストラン、売春宿、トイレ、水飲み場、公園、海水浴場、公共プール、裁判所など、あらゆる場所で人種隔離が行われた。

さらに「人種エチケット」なるものが世間に広まる。たとえば、黒人男性は白人女性の目を見つめてはいけない、白人と道ですれ違うときには、黒人は帽子をとって道端へ寄る、白人の家には裏口から入る、黒人は衣料店では試着をしない、黒人が白人を呼ぶときは、敬称をつける、などである。守らない黒人には、白人から容赦ない暴行が加えられた。

一八八九年から一九一八年までの約三〇年間に、合計で二四〇〇人の黒人がリンチの犠牲となった。黒人男性が白人女性をレイプした場合には、黒人が拘留される前に、白人がその人物を連れだして、公開処刑を行った。一八九九年、ジョージア州ニューナンのリンチでは、二〇〇〇人もの集まった群衆の眼前で、「犯人」の耳、指、性器が切り取られ、生きたまま火あぶりにされた。人びとは遺体の一部を「土産」としてもち去った。

第五章　転換期の排外主義とアメリカニズム

世紀転換期のアメリカ

第一期クランが解散した一八六九年から、第二期クランとして再結成される一九一五年までの間、アメリカ社会は劇的な変化を経験した。まず指摘できるのが、農本社会から産業社会への転換である。この間、工場労働者の数は五・五倍に増加し、工場が立地していた都市の郊外へ、地方の農村や国外から労働者が大量に流入した。

都市化も進展した。たとえば東西を結ぶ交通の要衝であったシカゴの人口は、一八七〇年、二〇万人であったが、二〇年後の一八九〇年には一〇〇万人に急増している。一九〇〇年、ニューヨークの人口は三四〇万人に達した。この時期、アメリカ国民の二割が人口一〇万人以上の都市に住み、そのうちの半数が人口一〇〇万人以上の大都市に暮らしていた。

人びとの生活は、さまざまな技術革新によってさま変わりした。街には地下鉄が走り、鋼材と耐久ガラス板の生産により摩天楼の建設が可能となった。白熱球が街角を照らし、電話線が張り巡らされた。鉄道によって都市は水平的に拡大したが、高層ビルにエレベーターが導入されたことで、都市は垂直方向にも発展した。

産業化によって巨大企業も出現する。石油精製業で財をなしたジョン・D・ロックフェラー、鉄鋼王と呼ばれたアンドリュー・カーネギー、鉄道王コーネリアス・ヴァンダービルド、金融財界で名を馳せたJ・P・モーガンらは、巨万の富を築きあげた。貧富の格差も問題となった。一八九三年の調査では、国の富の七一パーセントを、わずか九パーセントの人が所有していた。

富める者を象徴する摩天楼が空高くそびえ立つ陰で、都市には貧困者が身を寄せるスラム街が出現した。住人の多くは、一九世紀末にアメリカへと渡ってきた「新移民」と呼ばれる南欧・東欧からの移民であった。

統計では、一八七〇年から一九〇〇年までの三〇年間に、アメリカの人口は三六〇〇万人増加したが、このうちの三分の一にあたる一二〇〇万人が国外からアメリカへとやって来た移民であった。一八八〇年代には、「新移民」が急増し、「旧移民」と呼ばれるイギリス、ドイツ、オーストリア、スカンジナビア地方からの移民の数を上回る。

この間、移民の多くが、ニューヨークのマンハッタン島の沖にあったエリス島の移民局を経てアメリカに入国した。もともとマンハッタン島の南端にあった移民局が、エリス島へと移されるのは一八九二年のことである。エリス島の移民局が閉鎖される一九五四年までに、この島を経てアメリカに入国した移民は一二〇〇万人を数えた。

移民希望者は、エリス島で名前、年齢、性別、結婚の有無、職業、国籍、目的地、所持金、アメリカ在住の親戚の有無、犯罪歴など二九の質問に答えなければならなかった。審査が終わると、荷物を受け取り、フェリーでニューヨークかニュージャージーへと渡った。感染症などの疑いで、本国へと送還される移民希望者も二パーセントばかりいた。

同化論と排外論

この時代、アメリカへ押し寄せた移民をめぐり、その制限や受け入れ拒否を求める議論がくすぶりはじめる。旧来の価値観が脅かされると危機感を抱いた人物には、たとえば、組合協会派の牧師ジョサイア・ストロングがいる。かれは、「合衆国は、カトリック、モルモン教、飲酒、社会主義、富、移民、都市の七つの危険に脅かされている。なかでも、モルモン教を除く他の危険のすべてが集中するがゆえに、都市こそは最大の危険である」と危惧した。ベストセラー『われらの国』(一八八五)では、「神の国」の実現を唱え、「アングロサクソンによる世界の文明化」を主張した。

同じくアングロサクソンの優越を唱えて立ち上がったのが、第二期クランを結成したウィリアム・シモンズである。かれは著書『素顔のクラン』(一九二三)で、「移民受け入れ継続のあらゆる主張は、この国と我がアメリカ人の文明化にとって、明らかに敵対する。このことは歴史が証《あか》している」と移民排斥を訴えた。ただし、このような排外主義の主張は第二期クランがはじめて提唱したものではない。

従来、アメリカは社会進化論にしたがい、「レッセ・フェール」（自由放任主義）の原則に立ち、移民に対して寛容な姿勢を示してきた。しかし、「新移民」が「旧移民」の数を上回る一八八〇年代、移民は国家がコントロールすべきだという思想が優勢となる。この考えは、対外的には移民制限と移民排斥を訴える声となり、国内においては「同化」を促す圧力となった。

エスニック・グループの同化の理論について整理・体系化したミルトン・ゴードンの『アメリカン・ライフにおける同化』（一九六四）によれば、アメリカで隆盛した「同化」の理論には三種類あるとされる。

すなわち、イギリス系アングロサクソンの要素へと順応することを求める「アングロ・コンフォーミティ」、さまざまな人種的・民族的背景をもつ人びとが融合して「アメリカ人」が生まれるとする「るつぼ理論」、モザイクやサラダ・ボウルに喩えられるように、出自が異なる人びとがアメリカ的素養を受け入れながらも、独自の文化的遺産を維持しつづける「文化多元主義」、これらである。このうち、後者の「文化多元主義」の考え方は一九六〇年代以後に広まった。

なお「るつぼ理論」は、一九〇八年に上演されたイギリスに暮らすユダヤ人作家、イズレイル・ザングウィルの戯曲『るつぼ』をきっかけに広まった。「るつぼ理論」の斬新さは、むしろこの時代、「アングロ・コンフォーミティ」へ順応することが当然視されていた実情を物語る。

移民に対する姿勢は、「同化」を可能と考えるか否とするかで分かれる。同化を可能とし、移民をアメリカ社会で包摂すべきという立場に立った人物としては、第二六代大統領セオドア・ローズヴェルトがいる。ローズヴェルトは、進化思想のなかでもネオ・ラマルク派の遺伝学に理解を示していた。すなわちかれは、獲得形質は遺伝するという論理にしたがい、移民に施す教育は、世代を越えて継承されるものと考えた。そして、やがては「アメリカ化」が実現するとした。都市の貧困地区で移民を支援した「セツルメント・ハウス」の活動も、この思想に拠っていた。「アメリカ化」教育を積極的に施すと、いずれ移民はアメリカ社会に順応できるという流動的な思考は、人間の資質を可変的に捉える構築主義に立つといえる。

他方で、同化に懐疑的な人も少なくなかった。上院議員のヘンリー・C・ロッジは、移民の資質を固定的に捉えていた。そして、教育による同化は不可能だとし、環境にも順応しないと主張した。生物学者で優生学者のマディソン・グラントも同化に否定的であったばかりか、優生学を根拠に人種の混交は「退行」だと唱え、「るつぼ理論」の理想を批判した。生得的な資質を不可変的な本質と捉えている点で、かれらは本質主義に立っていたといえる。

同化に否定的な本質主義に立つ場合、その主張が移民制限論と結びつくのは自然な成り行きであった。アメリカにおける移民制限論の源流は、一八四〇年代から五〇年代にかけて、ドイツ系とアイルランド系の移民の増加に対するネイティヴィズムの勃興《ぼっこう》にたどられる。一八五〇年代には移民を敵視する政党、「ノウ・ナッシング党」（アメリカ党）が結成される。一八五四〜五五年の最盛期、党員数は一五〇万人に達したといわれ、連邦議会の下院議員や州知事、地方議会に多数の同調者を送り込んだ。ただ、奴隷制の是非をめぐり党内が分裂したことで、ほどなく消滅した。

「ノウ・ナッシング党」のネイティヴィズムは、一八八七年に結成される「アメリカ保護協会」に継承される。「アメリカ保護協会」は最盛期、全米で一〇〇万人の会員を集めた。かれらは主に反カトリックを唱え、カトリック系の学校に対する政府援助に反対した。一八八〇年代、ネイティヴィズムは反共主義と移民排斥論に結びついていく。

移民制限論は、特定の人種やエスニック・グループを想定する傾向にある。なお、人種とエスニック・グループは、区別が必要な概念である。両者について竹沢泰子氏は、ファン・デン・バーグの定義を引きつつ、以下のように紹介している。エスニック・グループは「文化的基準にもとづき社会的に定義された集団」だが、人種は「身体的基準にもとづいて社会的に定義された集団」だとする。ただ、両者の境界は、近年、あいまいになりつつある、としている。加えて、エスニシティとは、その集団が自ら肯定的かつ自発的に行う自己表象である一方、人種は支配集団など他者によって規定される、と区別する分析も紹介している。

人間を分類する基準として、肌の色など身体的な特徴が導入されるのは、一八世紀に入ってからのことであった。それ以前は、たとえばユダヤ教徒に対する区別にみられるように、血統によってなされていた。また一七世紀前半まで、奴隷にされる人間であるか否かは、身体的類型ではなく、法的・宗教的身分によって決められていた。

身体的類型にもとづく人種主義が発展するのは、一八世紀、啓蒙思想と科学的思考を受けてのことである。以後、博物学者のカール・リンネやヨハン・フリードリヒ・ブルーメンバッハらによって、世俗的な人種主義や「科学的」な人種主義が広まる。

近年では、人種は、その生物学的実在性が否定されて、社会的構築物にすぎないという見解が研究者の間では共有されている。しかし、世間一般には、概念化された身体的形質の差異が、人間性や文化を規定する、という本質主義的な思考がまだまだ根強い。

移民制限の経緯

アメリカにおいて最初に移民制限がかけられるのは、中国人に対してであった。中国人は一般に、結社や仲介業者を通じてアメリカに入国した。そのため、同郷意識が強いとされて、「同化」は難しいと考えられていた。

一八六〇年から八〇年にかけて、カリフォルニア州では中国系移民が州の人口の九パーセントを占めるに至り、白人労働者とのあいだで摩擦が生じていた。中国人労働者は、カリフォルニア州の農場労働者の一〇パーセントを占めるに至り、その数はさらに増加傾向にあった。

中国人移民排斥を公に掲げたのは、一八七〇年代の半ば、アイルランド系移民のデニス・カーニーが結成した「労働者党」によってであった。カリフォルニア州ではカーニーの主張に賛同した『サンフランシスコ・クロニクル』紙が売り上げを伸ばし、中国人排斥の論調が強まっていた。

一八七五年、中国人の契約移民労働者の受け入れを禁じる法律が成立する。そして一八八二年、アメリカ史上ではじめての移民制限法となる中国人排斥法が制定される。これらの法律により、中国人の合衆国移住は一切禁止されることになった。以後、中国人移民の人口は減少傾向にあったが、それでも一〇年間の時限立法であったこの法律は、一八九二年と一九〇二年にそれぞれ更新された。

中国人のつぎに移民制限の対象とされたのは、日本人であった。日本からの移民は、一八六一年の移民統計から現れる。当初、日本人移民の増加はゆるやかであった。一八九〇年に至っても、アメリカ本土に暮らす日本人移民の数は二〇三九人にすぎなかった。それが、以後の三〇年間でアメリカ本土に一一万人、ハワイに一〇万人の日本人が生活し、その数は急増する。

一九〇一年に提出された米国産業委員会の報告書では、日本人は中国人よりも「望ましくない」人びとで、「ずるくて信頼できず、不正直」だとされた。一九〇五年に日露戦争で日本が勝利すると、日本に対する脅威が一気に高まる。二〇世紀初頭には、全国で日本人移民に対する排斥の声が上がる。一九〇七年から翌年にかけて、日米紳士協定が結ばれると、日本政府は自主的に日本からの移民を制限した。

第二期クランも日系移民に対して、強硬な姿勢を示していた。一九二三年八月二九日発行の会報『インペリアル・ナイトホーク』では、「脆弱な移民規制はアメリカが直面している最大の危機の一つ」と題する特集が組まれている。そこでは、「日本人の厄介者」という小見出しが設けられて、カリフォルニア州には合衆国全土の三分の二に相当する日本人が暮らし、その数はおよそ一〇万人以上で、かれらはカリフォルニア州の農場の八分の一を手中に収めているると書きたてて、「なんらかの手を打たねばならない」と強く警告している。

結果、一九二四年にいわゆる「排日移民法」が制定されるのであるが、それまでの移民制限の経緯を追っておこう。

一九一七年、移民希望者に「読み書き」テストを課す移民法が施行される。だが、このテストを理由に入国を制限された人は、一四八万七〇〇〇人の移民希望者のうちの六一四二人にすぎなかった。そのため、強硬派はより実効性のある手段を求めていた。

一九二一年には移民を量的に規制する「緊急移民割り当て法」が制定される。この法律では、一年間にアメリカが受け入れる移民の割当数を、一九一〇年の国勢調査にもとづき、合衆国に居住している出身国別人口の三パーセントと定められた。一九二四年には国籍別に移民を制限する移民法が制定される。この法律では、割り当て基準が一八九〇年にまでさかのぼって算定され、「旧移民」に有利な基準に改められた。認められる移民の数も二パーセントに絞られた。

こうして、一九二一年に八〇万人いた移民の数は、一九三〇年には二四万人に絞られた。具体的には、イギリスとドイツからの移民が、それぞれ六万五〇〇〇人と二万六〇〇〇人と、大部を占め、ポーランド、イタリア、ロシアには、それぞれ六五二四人、五八〇二人、二七八四人が割り当てられた。ギリシャ移民は一九二一年に三〇六三人いたが、一九二四年には一〇〇人に制限された。国別の割合には、アングロサクソニズムがはっきりと反映されていた。

他方、太平洋岸では、アジア各国からの移民が全面的に禁止されていた。その多くを日本人が占めていたため、一九二四年の移民法は日本では「排日移民法」として知られている。

移民制限は特定のエスニック・グループや人種に対してだけでなく、アメリカが「望まない」人びとに対しても導入された。一八七五年、売春婦と犯罪歴のある者の入国が禁止され、一八八二年には、精神疾患のある者の入国が制限された。一八八五年には渡航費を前借りした外国人労働者の募集が禁止される。背景には、一八八三年から八六年にかけて、労働争議が活発化したことが関係していた。一八九一年には、一夫多妻者と伝染病患者、反道徳的な犯罪歴のある者を排除する法律が制定される。一九〇一年にマッキンリー大統領が暗殺されると、無政府主義者の入国が禁じられた。一九〇七年には、児童労働を避けるために、両親のいない一六歳未満の子供の入国も禁止された。

狂乱の二〇年代

　この時代、アメリカの社会にはさまざまな変化と不安の種がはびこっていた。

　一九一四年、第一次世界大戦が勃発すると、一九一五年の五月にはイギリス客船ルシタニア号がドイツの潜水艦によって撃沈されて、アメリカ人が一二八名も犠牲になった。この一件で、一八二三年以来、モンロー主義（米欧の相互不干渉主義）を貫き、ヨーロッパ戦線への不介入を決めていたアメリカの世論が、参戦へと傾いた。

　一九一七年、アメリカが第一次世界大戦に参戦すると、国内では「国家の敵」捜しが始まる。兵役忌避者、怠け者や労働運動の指導者、不道徳な女性、さらに、アジア人、移民全般、酒密輸者、麻薬、汚職、ナイトクラブ、違法宿、セックス、不倫などがそれで、第二期クランもこれらをみな国家の敵とみなした。

　大戦後のアメリカでは、「赤の恐怖」が高まった。ロシアのボルシェビキは世界の社会主義化を目指し、アメリカでは急進派が労働組合を組織して、待遇の改善を求めていた。一九一九年九月にはアメリカの鉄鋼業界で三五万人の労働者がストライキを張るという、かつてない規模の労働争議が起こった。

　この反動で、一九二〇年にかけて、無政府主義者や社会主義者、アメリカ共産党に狙いを定める大規模な「赤狩り」が行われた。一九二〇年代には、イタリア系移民でカトリック教徒だったサッコとヴァンゼッティが強盗殺人などの容疑で逮捕、処刑されるという冤罪事件が発生する。かれらはアナーキストで、第一次世界大戦のとき徴兵を拒否していた。さらに、イタリア系移民であったことも不利に働いたといわれている。

狂乱の二〇年代、アメリカには不道徳とアルコールが蔓延《まんえん》していた。戦線からアメリカへ戻った帰還兵たちは、変わるアメリカ社会に直面し、自らの価値観の修正を強いられた。

第二期クランの結成

この社会変動期にアングロサクソンの優越を唱えて立ち上がったのが、ウィリアム・ジョゼフ・シモンズであった。シモンズは、一八八〇年にアラバマ州の小さな町ハーパースヴィルで生まれ、メソディスト教会の牧師を務めていた。シモンズは第一期クランの規約を手に入れたことをきっかけに、それに真似た結社の創設を試みる。

もともとシモンズは、「ピシアス騎士団」、「オッド・フェローズ」、フリーメイソンなどの会員で、秘密結社での活動経験が豊富であった。かれは、一九一五年一一月、感謝祭の夜に、一九名の仲間とともに南部の主要都市ジョージア州アトランタ郊外にあるストーンマウンテンへ登り、十字架に炎を放ちながらクランの復活を宣言する。

ちなみに、炎の十字架はクランの恐怖を物語るシンボルとして定着しているが、十字架はキリスト教では神聖視されているため、クランは、十字架を「燃やし」ているのではなく、十字架に明かりを「灯して」いる、と説明する。これはスコットランドにおいて、仲間を集めるときに用いられたサインでもあった。

図20　ウィリアム・シモンズ

図21　燃える十字架を囲むクラン

再結成の当初、第二期クランはアングロサクソンの優越と一〇〇パーセント・アメリカニズムを主張する友愛団体であった。反カトリックや反ユダヤを提唱する組織というよりも、プロテスタントのための組織という側面が強調されていた。黒人の地位については、いまのままであることを善しとしていた。

アメリカニズムと排外主義

第二期クランは最盛期、会員数が最大で九〇〇万人に達したという見積もりもある。この集団は当時の人心に訴える、どのような思想を掲げていたのであろうか。その思想を、第二期クランの結成者であるシモンズと、かれからクランを引き継いだハイラム・エヴァンズの著作とインタヴュー記事に探ってみることにしよう。

第二期クランの思想の原点は、入会時に行われる加入儀礼の誓約にみることができる。第二期クランが定めた規約集『クロラン』を繙くと、加入儀礼で求められていた一〇の誓約がのっている。

① クランへの入会の意思は真剣なもので、かつ利己的なものではないか
② 白人であり、非ユダヤ人で、プロテスタント教徒か
③ アメリカ合衆国に背くあらゆる政府や人民、宗派、統治者に対して、絶対に反対の立場にあり、さらに関わりはないか
④ キリスト教の教義を信じるか

⑤　アメリカ合衆国政府は世界で至上と認めるか
⑥　穢れなき心で宣誓をするか
⑦　団結を守り、クランのメンバーにふさわしい行動をとるか
⑧　白人至上主義を誓い、それを永続させるためにつねに努力を怠らないか
⑨　クランのルールにしたがい、クランの慣習、要求、決定を遵守するか
⑩　クランとともにあるか

一〇の誓約のうち、とくに②、④、⑤、⑧の項目から明らかなように、クランは非ユダヤ人である白人のプロテスタント教徒で、合衆国政府を至上とする白人至上主義者の組織であるとわかる。

これは『クロラン』で繰り返し強調されている。たとえばクランの活動目的は、「この国に生まれたアメリカ合衆国の非ユダヤ系市民で、いかなる外国の政府、国民、組織、宗派、支配者、個人あるいは民衆に対しても服従する関係にあらず、道徳的に堅固で、世の模範となるにふさわしい名声および天職をもつ白人男子を結束すること」とある。一九二三年に発行されたクランのパンフレットにも、「①これは白人の組織である、②これは非ユダヤ人の組織である、③これはアメリカの組織である、④これはプロテスタントの組織

である」と要約されている。

だが、クランが是とする「白人至上主義」の内実は、この部分だけでは明らかにならない。そこで、第二期クランの創設者シモンズが著した『素顔のクラン』を繙きながら、クランの思想の広がりに迫ってみたい。

クランを再結成したシモンズは、第一章でも触れたが、クランの目指すところを古き良きアメリカに求めた。このような、時代の遡行《そこう》は、第一期と第二期を通してクランにみられる傾向である。第一期クランの場合、その関心は南北戦争が勃発する前、「アンテベラム」(一七八一—一八六〇)と呼ばれる時代の末期に定められ、白人中心の南部社会に対する憧憬にあった。第二期クランの眼差しは、明言こそされていないものの、いわゆる「新移民」が到来するより前のアメリカ社会へと向けられていた。

なお、このような昔日への憧憬は、右傾化の特質と重なる。右翼運動は「比較的優位にあった集団が、その成員と権益者の権利と特権の保持、復権、拡大を目指して行う社会活動」とされる。優位にある集団がその特権を保持できている場合には右翼運動は生じないが、その集団の利益が脅かされそうになると、不満が噴出する。

したがって、しばしば誤解されるところであるが、第一期クランや第二期クランは、黒人の排斥を主眼とした組織ではなかった。「クラン=黒人排斥集団」という構図は、とくに公民権法をめぐる議論が社会で紛糾する、第三期クランの活動によって社会に印象づけられた。第二期クランは、黒人を「敵視」してはいなかったのである。

シモンズも『素顔のクラン』で、クランは黒人の敵ではない、と何度も強調している。黒人は、奴隷解放から半世紀を経て、飛躍的な進歩を遂げた、とシモンズは言う。アメリカの黒人は、成人の半数以上が読み書きができ、一〇〇人に一人が自営農地か町に自宅をもち、高校や専門学校、短大へ通う黒人も多い、と賛美する。

だが、シモンズに人種差別意識がなかったわけではない。シモンズは、アメリカの黒人は「進歩」を遂げたが、それは、「合衆国の傑出した黒人種の指導者に、白人の血が入っている」からだと説明する。そして、「事実、より有能な大多数は黒人種の血がわずかしか入ってはいない」と、差別的理解を示す。そうかといって、シモンズは人種間の混淆を推奨していたわけではない。

シモンズの偏見は、黒人の参政権に対する考えにも現れている。黒人は「自分たちの精神や資質では請け負えないほどの道徳的、法的責任を負うことになると、多くの場合、混乱して崩れ去ってしまう」と述べ、黒人の精神性や資質では投票は難しいと断じる。

シモンズは、黒人に対する人種差別意識をもちながらも、黒人の追放を訴えていたわけではなかった。だが、ユダヤ人、カトリック教徒、その他のマイノリティの移民に対しては、「きっぱりと断る」と明言している。この態度は、一九二二年から代表を務めるエヴァンズにも継承される。

シモンズからクランを引き継いだエヴァンズは、一九二四年、シカゴの『デイリー・ニュース』紙の記者のインタヴューにおいて、黒人について、以下のように述べている。

われわれクランは、黒人を嫌っていると思うだろう。これほどの誤解はない。黒人はアメリカへ奴隷としてやってきた。われわれは喜んで、かれらの健康と幸福を増進していくための義務と誇りを負う。だが、同化はできない。大規模な黒人との結婚は考えていない。一〇〇〇万人、およそ一〇人に一人が黒人である。かれらはアングロサクソンのレベルには到達し得ないのである。

エヴァンズは、人種間の壁を保ったうえで、黒人との「協調」路線を採るが、一方、アジア人種との協調は考えていなかった。

中国人と日本人を我が国の海岸線から追い出そうとしているのは、われわれが、かれらを目障りだと考えているからだと思うだろう。そうではない。かれらは、われわれをダメにしてしまい、そして、われわれも、かれらをダメにしてしまうからである。われわれは、かれらを長年にわたり支援してきた。だが私は、啓蒙をうけた中国人と日本人がこれを理解しているかどうか、疑わしいと思っている。

エヴァンズはこのように論じるが、基本的には、アジア人種に対しては、「反感ではなく、同情」をもち、「人種的な嫌悪感はなく、あらゆる信条と肌の色の仲間に対しても同様である」と書いている。その「同情」とは、「ある種の人類愛と同じ」だとしながらも、かれらの「破壊的なまでの殺到」からアメリカを救うための「行動」は採らねばならないと訴えている。

エヴァンズが理想とするのは、一八五〇年代の移民構成であった。九五パーセントは「望ましい」ノルディック系で、簡単に同化できる「同質の移民」であった。だが、一九一〇年までに、「劣った」外国移民が大量に到来する。その状況は、アメリカ人の目には「完全かつ永遠に絶望的」なものとして映った、とエヴァンズは言う。

エヴァンズはつづける。アメリカを築き上げたのは、ノルディックの偉大さであったと。だが、「政治的狂気と病気」、そして「愚かさ」によって、偉大さはまさに崩れ去ろうとしている。移民という「新しい問題」によって、アメリカ人の「精神、道徳、そして肉体の遺産」は「脅威」にさらされていると。

エヴァンズは解決策として、移民の入国を一時的に「完全に停止」しなければならない、と強調する。「われわれは、自分たちの生活の節々に悪影響を及ぼす移民政策を容認するような寛容さはもち合わせていない」、もし移民がアメリカへやって来るときがあれば、それはより賢明な移民政策を行うに足る情報が揃ったときであり、そのときに来る移民たちは、「認められて、歓迎されて、保護されるようでなければならない」と述べている。

エヴァンズは、「アメリカニズム」推奨こそが、クランの最大の目的だと論じる。そして、アメリカには、神から与えられた、また自らの手で世界から集めた、物質的・人的な資源や才能がある、とする。これらを用いることで、アメリカのキリスト教文明は、人類がこれまでに到達したことがない次元にまで高められる、と考えていた。

エヴァンズは、民衆の圧力によって政治への働きかけを行った。かれは、国の存続や滅亡は、政治家や超人的な人間が決めるのではなく、「われわれ」民衆が決める、と呼びかける。そして、クランを通して、一般民衆の「道徳的向上」をはかり、自らこの国を護ろうと訴えた。

クラン急拡大の「金脈」と人脈

第二期クランが結成された一九一五年は、トマス・ディクソン・ジュニアの『ザ・クランズメン』を原作とする長編映画、D・W・グリフィス監督の『國民の創生』が公開された年であった。この映画は、白人の視点から南北戦争とその後の再建期を描き、黒人を悪役に仕立てていた。この点に批判はあったものの、空前の大ヒットを記録した。

クラン研究の視点からこの映画の歴史的意味について考えると、南部再建期、クランの活躍を美化することで、クランをアメリカ史の「主流」へと接続する言説が築かれたと指摘できる。同時に、黒人を「他者」化するポリティクス（政治的駆け引き）が流布された点も見逃すべきではないだろう。

『國民の創生』の大ヒットは、クラン拡大をもくろむシモンズにとって、大きなチャンスであった。シモンズは、映画館のチケット販売場でクランの宣伝を行い、映画の人気に便乗した。しかし、第二期クランは、結成から五年が経過しても、会員数は多く見積もって二〇〇〇人程度と伸び悩んでいた。

ところが、クランは一九二〇年以降の五年間で、会員数を数百万人規模に膨らませる。会員数の爆発的な増加を実現したのは、南部広告協会のエドワード・Y・クラークとメアリー・E・タイラーの二人である。クラークは元新聞記者で、タイラーは長身の女性興行師であった。二人は「南部広告協会」を設立し、反酒場連盟やセオドア・ローズヴェルト記念基金などを運営していた。シモンズはかれらと一九二〇年に契約を結び、クランの活動拡大への尽力をとりつける。

クラークとタイラーは、白人プロテスタントたちが抱いていた不安を見極めながら、移民、自由思想、モダニスト、進化論、国際主義、平和主義、産児制限などの新しい価値観に反対した。狂乱の二〇年代を迎えたアメリカで、急激な社会変化にとまどう人びとが抱いていた不安と不満を捉えながら、白人プロテスタントを護る全国組織としてクランを売り込んでいった。

クランの拡大は、クラークとタイラーが組織した「クリーグル」と呼ばれる勧誘員たちによって実現した。一九二一年の夏には二〇〇名以上のクリーグルが全国で活動し、手当り次第に勧誘活動を行っていった。

クリーグルは、まずプロテスタント教会の牧師たちに狙いを定めた。かれらは牧師に対して、クランの思想と信条を一通り説明すると、牧師の会員料は無料であること、また会報『インペリアル・ナイトホーク』も無料購読できることを申し出て、さらに、クランは全面的にプロテスタント教会とともにあること、教会員の増加や寄付金の増加も期待できること、などを言い添えた。

こうしてクリーグルは、日曜礼拝で牧師の説教につづいて組織の紹介を行う機会を得て、牧師のお墨付きのもと、教会員を勧誘することができた。『インペリアル・ナイトホーク』には、ケンタッキー州プリンストンの黒人教会の牧師から寄せられたという感謝状まで掲載されている。

クリーグルは、教会だけでなく、赤十字、反酒場同盟、救世軍、軍需工場協議会の組織的な支援をとりつけ、また、フリーメイソン、「エルク」、「オッド・フェローズ」、「オレンジ党員」といった他の秘密結社の人脈も活用した。地域コミュニティのネットワークも重要な人脈であった。

クリーグルは、さまざまな組織において中心的な役割を果たしている幹部と接触し、クランの会員として招待することで、その人物のつてを頼りながら会員を増やしていった。このような戦術は「アフィリエイト作戦」と呼ばれた。クランの会員のうち五〇万人は、同時にフリーメイソンの会員でもあったとみられている。

しかしながら、クランが多数の会員を集めることに成功した秘訣は、なによりもその「金脈」にあった。クラークとタイラーは、勧誘を行うクリーグルのために、巧妙な動機づけを用意していた。

すなわち、クリーグルが一人勧誘するごとに、入会者が加入儀礼のために支払う一〇ドルのうち、四ドルを勧誘担当者の取り分として与えたのである。代表のシモンズの懐には、二ドルが入った。残り四ドルは、クラークとタイラーが経費として受け取り、州や支部を統括する担当者にも分けられた。クラークとタイラーのもとには、おおむね二ドル五〇セントが入った。

入会者は支部ごとに定められた年会費を納めて、さらに規約集『クロラン』と儀礼などで用いる正装の購入が求められた。これらの諸費も、支部に相当する「巣窟」から州代表へと、一〇パーセント程度の割合で吸い上げられていった。

さながら「ネズミ講」まがいの集金システムが導入されたことで、クランの会員数は激増していった。数百万人もの会員を集めた第二期クランは、集金マシーンのような「金脈」によって成立していたのである。

こうしてクリーグルは、一九二一年、わずか三ヵ月で四万八〇〇〇人の新規入会者を集め、さらに一年半で八万五〇〇〇人がクランに加わった。一九二一年九月の時点で、クランのメンバーは四五州におよび、合計五〇万人と報じる新聞もあった。

クリーグルによる勧誘がはじまって最初の一五ヵ月で、クラークとタイラーのもとには二一万二〇〇〇ドルが、シモンズのもとには一七万ドルが入った。一九二二年には、一日に三万五〇〇〇ドルがアトランタの本部に転がり込み、年間で一二〇〇万ドル以上の金が集まった。

クランは急速に会員数を増やすが、これを警戒する動きも出始める。一九二一年九月、ニューヨークの『ワールド』紙が、この急拡大する不気味な組織についての記事を連載し、国民の関心を集めた。記事では、クランが関与したとして、一五二件の暴力事件と四件の殺人事件が報じられた。

同紙のインタヴューを受けたシモンズは、一部の暴力にクランが関与したことは認めながらも、事件の数字には反論し、『ワールド』紙はクランを過剰に暴力的に描きたてていると切り返した。

さらにシモンズは、『ワールド』紙から受けたインタヴューを、クラン宣伝の好機とした。クランは暴力に反対すると表明し、「反カトリック、反ユダヤ、反黒人、これらを主張するメンバーがいるとすれば、われわれはそのようなメンバーは望んでいない」と明言した。

『ワールド』紙の記事がきっかけとなり、連邦議会もシモンズを召喚した。ここでもシモンズは、巧みにクランを宣伝した。一週間にわたる喚問の結果、議会のクランに対する関心はすぐに消失した。

一連の記事と喚問によって、クランはもはや公の場で自由に活動するお墨付きを与えられたも同然であった。シモンズは悪評を払拭するだけでなく、巧みにクランの大義を宣伝した。結果、『ワールド』紙の告発から四ヵ月後には、クランは全米に二〇〇の支部を置くまでに拡大した。

マスク裏の素顔

クランに入会したのは、いったいどのような人びとか。二〇世紀アメリカを代表する政治史家リチャード・ホフスタッターは、クランのメンバーの性質について、「騙されやすいネイティヴィスト」と分析した。クランに集う人を非理性的な騙されやすい大衆と決めつけるのはたやすいが、それを「異常者」と切り捨ててしまっては、組織の実情に迫れない。数百万人という会員数は、無知蒙昧《もうまい》の集団として片づけるにはあまりにも膨大である。

元クランのメンバーへのインタヴューによれば、クランの会員はごく「普通」の人びとであったという。なぜ「普通」の人びとがクランに入会したのか、この点を切り口に迫ると、第二期クランの内情が明らかになるであろう。

第二期クランは白人至上主義を大義として掲げてはいたが、人種的偏見に満ちた人が、差別を実践するために集った組織ではなかった。それでも、今日の感覚からすれば、クランの主張の節々に、人種的偏見が垣間見られることは確かである。

ただ、一九二〇年代の初頭、アメリカ生まれの白人プロテスタントであれば、通例、多かれ少なかれ人種的偏見をもち合わせていた。たとえば、マディソン・グラントが『偉大な人種の滅亡』（一九一六）で唱えた「ノルディック・イデオロギー」は、当時の人びとに広く受け入れられていた。組織の差別性を批判するばかりでは、この組織がなぜ多くの人心を魅了したのか、明らかにはできないだろう。

通俗的には、クランは社会的周縁者や疎外者の活動と受け取られやすい。だが、これは誤りである。というのも、第二期クランは、プロテスタント教会やフリーメイソン、「オッド・フェローズ」といった既存の組織を通して勧誘活動を行っていたからである。したがって、クランのメンバーの多くは、組織活動に関わり、ソーシャル・ネットワークが密で、地域のコミュニティにも積極的に参加していた。

第六章でも触れるが、一般的に第二期クランの活動は、従来の社会秩序や、地方のスモールタウンで護られていた伝統の崩壊に対する反応とみられている。こう主張するのは、さきのホフスタッターや、デーヴィッド・チャルマーズらである。だが、クランの会員急増とコミュニティの衰退とは、じつのところ関係していない。むしろ、クランは地方において、既存の道徳的価値観と法的秩序の枠組みがあってはじめて会員数を伸ばすことができたとみる分析もある。

では、クランに入会したのは、どのような人びとだったのか。クランの会員は、主に中産・下層階級で構成されていたといわれている。職種でみると、「旧ミドル・クラス」グループに分類される営業社員、商人、製造業従事者、小規模経営者ら、「新ミドル・クラス」グループに分類される、管理職、専門職、販売員などである。

ジョージア州アセンズのクランを研究したナンシー・マックリーンによると、この地域のクラン三六四名の内訳は、牧師、法律家、医者、薬剤師、教師など専門職に就いている人一九名、小規模事業者九五名（警備や監視業務従事者一三名、小規模経営者五七名、農園主一四名など）、事務職従事者一一〇名（公務員三一名、販売員二九名、不動産業や保険業の代理店業者一二名、販売員二三名など）、大工や林業者二二名などの技術関係者六八名、このほかの労働者五二名、他二〇名、このようであったという。

アセンズのクランの九二パーセントは既婚者で、三分の二に子供がおり、子供の数は三人から四人であった。メンバーが所属している教会は、バプテストやメソジストで、上流層が通うプレスビテリアンやエピスコパルの教会に所属している人は少なかったという。会員はみな、商工会議所やライオンズクラブでの活動を重視して、ロータリークラブへ所属している者も数名いた。

このほか、テネシー州レノア・シティでは、一〇一歳の老婆がクランに参加した。おなじくテネシー州タラホーマでは、ベビー服仕様のクランの衣装を着た赤ちゃんが、母親とともに入会した。職種、会員の家族構成、所属教会など、いずれをみても、クランはごく一般的な家庭が入会する組織であったことがわかる。

政界進出と女性クラン

当初、クランのメンバーはほとんどが男性であった。ところが、一九二三年に女性限定の「女性クラン」が結成される。これは、すでにクランに入会している夫をもつ妻が入る新しい組織であった。翌年の一九二四年には未成年者を対象とした「ジュニア・クラン」が設立される。女性や子供を会員として迎えた背景には、クランが政界への進出に関心を示し始めていたことが関係しているだろう。というのも、アメリカでは一九二〇年、女性に参政権が認められ、女性の投票行動が選挙に影響を及ぼし始めていたからである。

女性の参政権は、第一次世界大戦の戦時下で、女性の社会進出が進んだことにより実現した。戦時中、事務を担う女性下士官の数は一万人を超え、三〇五名の女性兵士が海兵隊に所属し、大戦が終結するまでに陸・海軍の部隊で二万人以上の女性看護兵が活躍していた。国内産業でも、衣服や武器・弾薬、食料の生産に女性が加わり、男性が務めていた職域への女性の進出が進んだ。一〇〇〇万人の女性が工場労働に従事したともいわれている。

一九一九年、女性に参政権を認める憲法修正案が上下両院の審議を経て可決され、翌年八月、憲法修正に必要な四分の三以上の州での批准を得て成立する。一時は戦時措置法として限定的に実施する案も浮上していた。ウッドロー・ウィルソン大統領も戦争の勝利のために必要な「戦時措置」だと議会で演説していた。それでも、大戦中の女性の活躍が追い風となり、憲法の修正が実現したといえよう。

女性の秘密結社も設立される。一九二〇年代初頭、「グランド・リーグ」が結成されるが、これはプロテスタント系の女性による右翼結社で、本部はテキサス州のヒューストンに置かれていた。「グランド・リーグ」は、「白人至上主義、女性性の護持、国旗の防衛」を主張していた。

クランとの関わりでは、「見えざる帝国の女性たち」が注目される。この結社は、シモンズ一派が組織したクランの女性グループ「黄金仮面の女王たち」に対抗する目的で、エヴァンズによって結成された。一九二二年には、オレゴン州で一〇〇〇人の女性が入会した月もあった。エヴァンズとシモンズの対立が収まると、一九二三年に女性クランへと組織替えされて、本格的に女性クランの活動が始まる。

女性クランは結成当初から人気があった。はじめ一二万五〇〇〇人であった会員数は、四ヵ月間で二五万人に倍増する。一時期、三〇〇万人の女性がこの組織に加入したと見積もる批評家もいる。ジュニア・クランとともに、クランは家族で入会するファミリー組織となったのである。

女性クランも男性クランと同様に、白人至上主義を是とし、移民排斥を訴えていた。ただ、クランを研究するキャサリーン・ブリーは、女性クランが組織されたことで、男性クランの活動が監視されるようになり、過激な暴力は抑止されたと指摘している。

クランに女性や子供が入会し、組織の構成員が変わると、秘密結社という閉鎖的な組織から、家族が参加できる開かれた団体へと、組織の性質にも変化が生じた。同時に、クランの活動も変化する。家族ぐるみの「健全」な活動が求められるようになったのである。詳しくは次章でみるが、バーベキュー大会やスポーツ大会などの娯楽活動や、慈善活動が重視され、「ワスプ」の家族が思い描く理想の家族像を実践する組織へと変化していった。

クランの政界進出は、女性クランの支持によって躍進した。もともと、一九二二年、テキサス州のアール・メイフィールドが、クランのメンバーとして上院議員に当選していた。ジョージア州では、アトランタ市長にウォルター・シムズが就任し、さらに数名が州議会議員に選出されていた。オレゴン州、オクラホマ州でもクランのメンバーの政界進出がみられた。

一九二四年、クランのメンバーが一〇の州の知事に就任した。さらに、九つの州から一三人が連邦議会に送られた。アメリカの最高裁判所の裁判官に就任した上院議員のヒューゴ・ブラックもクランのメンバーであった。

こうして、一九二四年、移民制限法が成立するにいたる。ただ、この移民制限法はクランが独力で成立させたわけではない。同時代の世論が移民制限を支持し、それゆえにクランの会員数も増加したとみるべきである。

第六章　白装束集団の正体

——第二期クランの実像と虚像

リンチ集団か慈善団体か

アメリカでは、一八六五年にアメリカ合衆国憲法修正第一三条が成立し、奴隷制が廃止された。さらに、修正第一四条と第一五条によって、奴隷であった者も含めて全ての黒人に「アメリカ市民」として法のもとでの平等と投票権が認められた。一八七五年には公民権法が成立し、公共の場での人種の違いによる差別は違法とされる。しかし、実質的には「ジム・クロウ」と総称される一連の人種差別法によって、公共の場での黒人差別は公然と行われていた。

二〇世紀に入ると、凄惨なリンチの現場が写真に残されるようになる。これは、リンチの実行に先立って、しばしば新聞社に犯行が予告されていたためである。写真が登場すると、リンチは単なる粛清にとどまらず、犯人がメッセージを伝える宣伝手段にもなった。そもそも政治的主張をもつ秘密結社の場合、組織の秘密保持と、政治的メッセージの発信とは、ベクトルが相反する。この矛盾が、リンチを激化させたとも考えられる。

しかし、決して楽観的な見方を是とするわけではないが、タスキーギ大学の調査結果によれば、第二期クランが再結成されて以後、じつのところリンチの件数は増加していない。第二期クランの最盛期、会員が数百万人を数えた一九二〇年代についてみても、リンチの被害による死者数は一九二一年五九人、二二年五一人、二三年二九人、二四年一六人、二五年一七人、二六年二三人、二七年一六人、二八年一〇人、二九年七人、三〇年七人、と漸減している。もちろん、黒人の土地を奪ったり、雇用の機会を奪ったりと、リンチ以外の非道は数知れない。第二期クランの場合、一九二一年までに一〇万人がクランから脅迫を受けたという報告もある。それでも、クランの会員数の急増とリンチの件数は、相関しているわけではないのである。

それでは、第二期クランとはどのような組織であったのか。これまでの研究では、新移民が急増し、社会的な軋轢《あつれき》が生じるなかで、政治的主張を代弁する組織としてのクラン像が一般的であった。だが、近年、第二期クランが主催した慈善活動を評価し直す研究も行われている。ここでは綾辺昌朋氏の考察を参考に、市民社会に根差したクランの一面について見てみよう。

綾辺氏は、第二期クランの慈善活動を四つに分類する。

一つ目に、地域社会に根差した隣人への慈善行為が挙げられる。第一期クランと異なり、友愛結社・慈善団体を標榜する第二期クランは、「自己のためでなく、他者のために」を組織のモットーとし、良き市民として隣人の扶助を奨励した。「他者への奉仕」を最高の名誉とし、自己犠牲を体現したキリストを模範とした。

各地のクランでは、さまざまな慈善活動が行われた。病院の建設や医療環境の向上は、好まれた活動の一つである。オクラホマ州ではプロテスタントのための病院の建設が宣言された。フロリダ州ジャクソンヴィルでは、「赤ちゃんのミルク基金」の設立が宣言された。ウエストヴァージニア州ウェルスバーグのクランは、医者から気分転換が必要と勧められた患者をリゾート地へと招待した。

クランは貧困対策にも関わった。テキサス州では、ホームレスや孤児のために「希望のコテージ」が寄贈された。オクラホマ州オクマルギーでは、夫を亡くした女性に家が贈られた。インディアナポリスのクランは、貧しい人のためにクリスマスに五〇〇個の「はげましバスケット」を用意した。バスケットにはクリスマスを楽しく過ごすために十分な食べ物と衣服、おもちゃとキャンディが詰められていた。オクラホマ州バックウェルでは、サンタクロースの衣装を着たクランが、食料とおもちゃを配って歩いた。

ときにクランの慈善活動は、人種の分け隔てなく行われた。アーカンソー州エルドラドでは、人種や肌の色、思想信条に関わりなく患者を診る新しい病院の建設が宣言された。フロリダ州では火災で家を失った黒人の一家を救うために一〇〇ドルが寄付された。カリフォルニア州では黒人教会の修繕のために三五名のクランズマンが奉仕活動を行った。またカリフォルニアのあるクランの支部は、一九二三年九月、関東大震災の発生が報じられると、いちはやく同地の日本人会に二〇〇ドルの寄付を申し出ている。

二点目には、公教育の改善を訴える活動がある。とくに地方の公教育の改善は喫緊の課題であった。一九二三年五月二三日の会報『インペリアル・ナイトホーク』は、「教育：世界でもっとも重要なこと、値踏みすべからず」と題して、合衆国の地方の小学校教育が一五〇年前と変わらない時代遅れの状況にあると指摘している。そして、教師の半分が四年制学校を卒業しておらず、大学か師範学校を卒業している教師はわずか一〇〇人に一人だと嘆き、学校教育の拡充を訴えている。

会報『サーチライト』では、「私たちは、教育に使う金額の二二倍を映画、タバコ、ダンス、化粧、ドライブ、その他の娯楽に費やしている」と指摘して、アメリカ社会は教育の大切さを見失っていると批判している。そのうえで、公立学校の施設・設備の拡充を求め、クランの会員に対しても、学校債の購入や資金援助を促している。

アーカンソー州では、公立学校建設のために一二五〇ドルが寄付された。ヴァージニア州キャッシュビルでは、地元のクランが建設予定の学校のために四〇〇〇ドルを寄付した。ニュージャージー州アズベリー・パークでは、英語の読み書きを学びたい外国人を対象とした、無料の寄付講座が開講された。カンザス大学では「炎の十字クラブ」が結成されて、新入生の相談から就職の斡旋にいたるまでを世話した。

三点目にクランが訴えたのは、法の厳正な執行であった。第一期クランも合衆国憲法遵守の姿勢をとったが、第二期クランはより実生活において身近な法の遵守を訴えた。第二期クランは積極的に警察と連携した。フロリダ州では、自転車泥棒の犯人捜査のために一二五ドルが寄付された。テネシー州では、殺人事件の捜査のために懸賞金五〇〇ドルが提供された。カリフォルニア州やイリノイ州では、違法酒や違法酒場の摘発にクランが協力した。

四点目には、クランは積極的な政治参加を是とした。クランは、同時代のアメリカ人を「名ばかり市民」と呼び、みな良い政治を求めながら、選挙に参加しないと批判した。事実、一九二〇年の大統領選挙では、有権者の半数が棄権していた。クランは候補者の情報収集と提供、市民の啓発、ビラの配布、怠慢な議員や公務員の監視、市議会や教育委員会への報告などを通して、健全な民主主義の実現を目指した。

以上をみると、人種差別集団としてのクランのイメージが崩れ、健全な市民社会を体現するために活動する良き慈善団体としてのクラン像が浮かび上がってくる。クランに入会した数百万人が、みな人種差別や排外主義だけを叫んでいたわけではないと知ると、どこか救われた気持ちになる。

もちろん、数百万人が集う組織に良心がまったく宿らないわけはないはずであるが、いずれの活動も、根本的には「ワスプ」の優越性を誇示するという「仮言的動機」（仮定のもとによる動機）で行われていたことは間違いない。その証拠に、第二期クランは移民法が制定されて、幹事の不祥事が明るみになると、一九二五年から二六年にかけて、会員数はわずか一年間で一〇〇万人に減少し、三年後には五万人にまで激減している。市民社会に深く根差した慈善団体であれば、これほどの人がすぐさま活動を放棄するとは考えにくい。第二期クランの公益性とは、この程度のものであった。

各地で開かれた娯楽行事

慈善活動とともに、クランの支部では会員を魅了するさまざまなイヴェントが企画された。クランの会報『インペリアル・ナイトホーク』には、一九二〇年代を通して、一二八五の町で催された二六六九ものイヴェントが報告されている。これらのイヴェントはなにも娯楽の少ない地方のスモールタウンでばかり催されていたわけではない。二六六九のイヴェントのうち、二五パーセントに相当する六六八が、人口五万人以上の町で催されていた。すなわち、クランのイヴェントは都市と地方の区別なく、全米各地で開催されていたのである。

では、各地で催されていたイヴェントをみてみよう。一九二八年、テネシー州アセンズでは、「大クラン　バーベキュー大会」が催された。アラバマ州バーミンガムでは、バーベキュー大会やピクニック、水泳大会、ダンスなどが催された。オハイオ州ニュー・フィラデルフィアでは、ゴルフコース、野球場、テニスコート、サッカー場、そしてプール二つが建造された。クランのメンバーによる野球チームが全国で結成されて、管弦楽団や鼓笛隊、聖歌隊なども各地で組織された。「クラン・サーカス」まで登場し、カウボーイ・ショーや空中ブランコ・ショーが人気を博した。

支部の幹部らは、加入儀礼を催す場所にもこだわり始めた。ときには山中で、ときには海岸で、加入儀礼が催された。ノースカロライナ州ダーハムの支部では、加入儀礼が地元の遊園地で催された。インディアナ州テレ・ホートでは、クランの会員による集団結婚式が催されたりした。

各地のイヴェントは、『インペリアル・ナイトホーク』紙上で紹介された。この会報は「クラン帝国宮殿［本部］の方針を周知するとともに、全国でクランの活動を発展させる」という使命のもと、八頁の紙面に加入儀礼やパレード、会合、慈善活動、イヴェントなどの記事を掲載し、会員からの寄付があった場合にも紙上で公表した。『インペリアル・ナイトホーク』の編集担当者は、記事になりそうなイヴェントの報告を奨励し、とりわけイヴェントの様子を撮影した写真は歓迎された。

図22　クランの衣装を着た飛行隊

写真が紙上に掲載されたことで、イヴェントはしだいに大規模化し、インパクトのあるものや、凝ったデモンストレーションが追求されはじめる。花火とアクロバット飛行はクランのパレードにつきものであった。飛行機はただ飛び去るだけでなく、クランの記章である十字の幕を引くこともあった。

ミズーリ州カンザスシティでは、視覚的効果を高めるために、夜、イヴェントが催された。その様子は、このように記されている。「突然、強力なサーチライトが丘の上に向けられると、白装束を着た騎馬隊の一団が照らし出された。その瞬間、飛行機がとてつもなく大きな『炎の十字架』の旗をなびかせながら、見物人の頭上をかすめ飛んでいった」。

クランの装束は、闇のなかでとくに白さが際立った。会報に投稿する写真撮影のために、ストロボ光としてマグネシウムの粉末が用いられた。さらに、炎の十字架は、最もクランを象徴する写真として歓迎された。

ケンタッキー州ハミルトン郡のクランは、真夜中に三〇〇本の松明《たいまつ》で十字架を形づくり、イースターを祝った。このデモンストレーションでは、午前〇時ちょうどに、空から爆弾が投下されて、それを合図に、十字架に一斉に火が灯された。ウエストヴァージニア州クラークスバーグでは、三〇〇〇人の会員が、松明を手にして「Ku Klux Klan」という人文字を形づくった。松明をもった一〇〇〇名のメンバーが、炎の十字架の形に並びながら丘の斜面を数マイル行進した支部もあった。

イヴェントの規模は、もはや会員同士の親睦を深める目的の域を超えていた。アーカンソー州イエール郡では、一〇〇台の自動車が連なって町々を訪れた。インディアナポリスで行われたパレードでは、警察の先導で一三〇台の自動車が列をなし、五万五〇〇〇人の会員が通りを練り歩いた。自動車の車体には美しい飾りが施されて、アドバルーンが結ばれていた。これに三九組の鼓笛隊がつづいた。一九二五年八月八日には、首都ワシントンD・Cのペンシルベニア通りを四万人の会員がパレードした。

クランの活動が大規模化した背景には、政界への関心が考えられる。一九二一年や二二年にも、数万人規模の集会は何度か催されている。だが、大統領選挙が行われる一九二四年の前年、一九二三年には数千人、数万人規模のパレードが各地で頻発する。一九二三年七月一四日にはワシントン州シアトルで、五万人のクランのメンバーらが集会と花火大会を催した。その四日後には、インディアナ州インディアナポリスで、市長が十字架を燃やすことを禁じたことに抗議して、五〇〇〇人のクランが行進した。七月二五日にはニューヨーク州バッファローで三〇〇〇人のクランが郊外を行進し、八月二五日にはペンシルベニア州カーネギーで一万人のクランが行進している。九月一五日には、イリノイ州オーロラで四万五〇〇〇人のクランがアク

図23　ワシントン D.C. の大行進

ロバット飛行とともに大行進を行った。一〇月二四日、テキサス州ダラスでは七万五〇〇〇人のクランがステート・フェア（年に一回開催される州の物産品の祭典）に参加した。

クランは秘密結社であったはずだが、この時期には、マスクを脱ぎ、素顔をさらしてパレードを行った。秘密結社のヴェールを脱ぎ、政治団体としてその存在感を世間に示し始めたわけである。

色鮮やかなクランの装束

三角帽子と頭巾、白いローブに赤い記章という第二期クランのコスチュームは、強烈なインパクトを見る者に与える。その装束は、あきらかに第一期クランのものよりも洗練されている。しかしながら、この装いは、第二期クランが独自に考案したものなのかどうかは、定かではない。というのも、目出し帽子にガウンという風貌は、スペインで聖週間に着用される衣装と酷似していたからである。

スペインのカトリック教会では、セマナ・サンタと呼ばれる聖週間に、ナサレノという人びとがカピロテという円錐形の帽子をかぶり練り歩く習慣がある。この祭りは、三月下旬から四月上旬の、復活祭の直前の一週間に催される。ちょうどこの時期は、キリスト教暦で受難週に相当する。南北戦争で敗北した南部連合軍の残党が始めた秘密結社のコスチュームに、受難週に着用される衣装の面影を探る推理は面白い。だが、両者を結びつける証拠はみつかっていない。

第一期クランは緋色のローブを身につけていた。白装束が着用されるのは、第二期クランからである。結成当時、大ヒットを記録していた映画『國民の創生』によって、南部の秘密結社クランは、白人主義を唱える白装束の集団として、広くアメリカ中に知られることになった。モノクロ映画の銀幕に写る、白と黒のコントラストに、南部の抱える人種の構図が重ねられていたとみることもできる。

第二期クランの衣装は、ジョージア州アトランタの縫製工場で製造されていた。クランの公式カタログには、縫製を担当した大きな工場と縫い子たちの集合写真が掲載されている。このカタログは、多色刷りされたイラストで構成されている。ご関心のある方は、アメリカの公益団体「インターネット・アーカイブ」のウェブサイトで検索してみるとよい。(Internet Archive のホームページで「Catalogue of Offical Robes and Banners Knights of the Ku Klux Klan」と検索。"Offical" と誤植されている点に注意。Official ではない。もしくは、検索サイトに書名を入力するだけでも、同団体の所定のページにたどり着くことができる)

さて、カタログのページをめくると、さっそく黄色地に紫や赤色で文字入れされた旗が三種、紫地に赤で文字入れされたものが一種、目に飛び込んできて、その鮮やかな色彩に

図24-26　クランの衣装カタログより

驚かされる。旗の中央には、炎の十字架や国旗、『國民の創生』のポスターから構図を借りたと思われる馬上のクランのイラストなどが描かれている。

旗は一つ四〇ドル。一九二八年に発行の『サーベイ』誌の調査では、当時、ラジオが一台七五ドル、フォード車のT型モデルなら五〇〇ドルで購入できたので、四〇ドルの旗は決して安くはない。

さらにカタログのページをめくると、エメラルド、オレンジ、赤、白と、クランの位階の順に衣装のイラストが現れる。エメラルドは「見えざる帝国」の代表、すなわち、「大魔法使い」のための衣装、オレンジは「王国」を統括する「大竜」の衣装、赤は「大竜」を補佐する「海蛇」と、「領土」を統括する「大巨人」の衣装の色、それより下位の位階の会員は白いガウンを基本とし、ガウンの装飾や三角帽の飾り、さらにケープ（マント）の色によって位階の区別がつけられている。支部によっては、黒や紫、金といった地色の衣装もあった。

一般の会員の衣装は、先端に赤い房飾りのある目出しされた三角帽子に白のガウン、胸部には赤地に白抜きのクランの記章が入り、赤の腰ひもをまわす。そして、腰より少し丈の短いサテン生地の赤いマントを羽織っている。

衣装は一七種類あり、このほか、バルドリックと呼ばれる肩から斜めにたすき掛けする幅の広い飾り帯や、ガウンと帽子や頭巾を仕舞うための鞄も販売されていた。衣装の値段は、彩色のあるものが二〇ドルから四〇ドル。白地のガウンは五ドルから二五ドル。高い位階の生地には絹やサテンが、白いガウンには基本的に綿が用いられていた。

クランの記章と旗の解読

衣装についてみたところで、クランの記章に込められた意味についても解読しておこう。

さきのカタログには「王国」より下位の組織に仕えるメンバー用のコスチュームの胸部に、記章が縫い付けられている。黒色に縁どられた赤地の中に白抜きの十字が入り、十字の中央に一滴の赤いしずくが描かれている図柄で、これは、現代に至るまで用いられているクランの記章の一つである。

この記章には、イエス・キリストが磔刑《たっけい》に処されたときの十字架と、そのときに流された血という構図が見立てられている。その意味するところは、ゴルゴタの丘で流されたイエスの血は、アーリア人のためのもので、アーリア人こそが選ばれし民である、という主張である。すなわち、アーリア人の優越を是とするクランの思想が、この記章に集約されているのである。

図27　現代のクランの記章

しかしながら、クランの記章が白人優越主義を象徴するようになるのは、二〇世紀に入ってからのことであった。クランの初期の図柄には、血のしずくは描かれていない。代わりに、一説には中央に陰陽五行を象徴する太極図《たいきょくず》がはめ込まれていたとされる。

中国の『易経《えききょう》』に由来する、陰陽魚《いんようぎょ》とも呼ばれる太極図と、クランの関わりは謎である。ただ、再建期に、クランのルーツは中国系マフィアの麻薬密売組織だとする噂が広まったことがあった。この噂の名残が、太極図のモチーフに影響している可能性は考えられる。

そして、第二期クランが結成されてから、太極図の陰と陽のうち、「陰」の部分が抜き取られて「血のしずく」に見立てられたと考えられる。太極図の解体はすなわち、「陰」と「陽」を存続させるほどの特別な意味がなかったことを物語るだろう。

　第一期クランの旗は、一八六七年の規約集で二等辺三角形とされた。長さは五フィート、幅は三フィートと決められ、黄色を地色とした。赤で縁どられた枠中にエリマキトカゲか竜とみられるイラストが入る。その下には、カトリックの教父レリンの聖ヴィンセントの「いつも、いずこでも、いずれの手によれど、なされんことが真実となる」という言葉が記されている。のちにプロテスタントの結社となるクランが、ルーツをたどればカトリックの教父からモットーを借りていたのは皮肉なことである。

　クランの結社名の略称K.K.K.は、組み合わされて三角形や十字が形づくられる。Kの文字の背にあたる縦線を三辺とし、Kの二画目と三画目にあたる斜線部を内側にして組むと、図30のように大小五つの三角形を内包した図像が成立する。

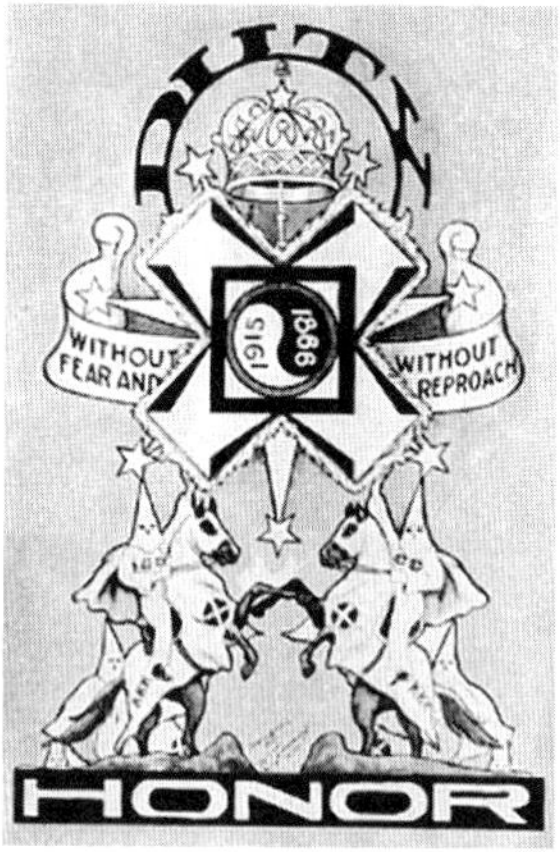

図28　太極図の入ったクランのエンブレム

　一方、四つのKを外向きに組み合わせると、図31のように十字があらわれる。現代のクランが用いる記章（図27）の十字の枠に太い部分と細い部分があるのは、太線がクランのKを表しているからである。

図29　第一期クランのものを再現した第二期クランの旗

図30　3つのKからなる5つの三角形

図31　4つのKからなる十字が入った印象（1918年）

第二期クランの衰退

クランは一九二四年に数百万人の会員を集め、組織としての最盛期を迎える。しかし、一九二四年を境に、会員数は二六年に一〇〇万人、二八年に二〇万人、二九年には五万人と激減する。一九二九年の大恐慌を経て一九三〇年代には、会員数が数千人にまで減り、以後、一九五〇年代から六〇年代に公民権運動が盛り上がりをみせるまで、クランの活動は下火となる。

クランの会員が激減した直接的な要因は、一つ目に、第二期クランが主張していた移民制限が、移民法の制定によって実現したことによる。この法律は、一九二一年に時限立法として成立していた移民制限法に修正が加えられたもので、通称「一九二四年移民法」もしくは「ジョンソン＝リード法」と呼ばれた。この法律によって、国別に割り当てる移民数の算出基準は一九一〇年から一八九〇年にさかのぼり、移民の数もその二パーセントに絞られた。

一九二四年の移民法で、アングロサクソン系移民の優遇と日本人移民の禁止が実現し、クランの政治的主張は現実のものとなったわけであるが、クランだけがこのような主張を行っていたわけではなかった。優生学を信じるマディソン・グラントら人種差別的移民排斥論者、移民制限運動団体、禁酒主義者なども、移民制限に賛同していた。一九二四年の移民法の制定は、広くアメリカ世論の支持があって実現したわけである。

第二期クランの会員が激減した二つ目の要因に、クランの幹部が起こした婦女暴行事件がある。一九二五年三月一五日、クランの幹部を務めていたデヴィッド・スティーブンソンは、小学校教員だった白人女性マッジ・オーバーホルツァーをシカゴ行きの列車の個室内で強姦したうえで、全身に深い噛み跡を残した。マッジは列車がインディアナ州のハモンドへ到着したとき、地元の薬局で劇薬を購入し、服用したその薬が原因で四月一四日に死亡した。スティーブンソンは第二級殺人の罪で裁判にかけられた。この事件が報じられると、インディアナ州では一年以内に九六パーセントの会員がクランを脱退し、会員数は三五万人から一万五〇〇〇人にまで激減した。

クランの会員が激減した三つ目の要因として、組織の「金脈」が明らかにされた点も指摘しておきたい。一九二二年一一月、クランの全国集会の開催に先立ち、インディアナ州、テキサス州、アーカンソー州の支部代表による「謀反」が企てられた。謀反は当時、クランの全国組織の代表を務めていた第二期クランの創設者ウィリアム・シモンズに対して行われた。かれを形式的に「永世皇帝」という新しい地位に祭りあげ、実権を剝奪するという策であった。あわせて、第二期クラン拡大の功労者タイラーとクラークは解雇された。

こうしてクランの実質的な代表「大魔法使い」の地位には、テキサス州の「大竜」であったハイラム・エヴァンズが就任した。一九二三年四月、ことの次第に気づいたシモンズは、権力奪取を画策し、エヴァンズが留守中にアトランタの本部に乗り込む。クランはシモンズ派とエヴァンズ派とに分かれ、結束力が失われはじめていた。さらに、シモンズ対エヴァンズの対立は法廷に持ち込まれて、法廷でのやり取りを通して、幹部が得ていた膨大な報酬が明らかにされた。

裁判の結果、一九二四年一月、シモンズはクランに関わる諸権利の補償金として一四万六〇〇〇ドルを得ることで合意した。こうしてシモンズは表舞台から身を引き、クランはエヴァンズ体制で継続されることになったのであるが、私腹を肥やす幹部たちの内実が白日の下にさらされたことで、クランの大義は揺らいだ。

最後に、第二期クランが衰退した根本的な要因を指摘しておこう。クランは同時代の「ワスプ」に訴えかける大義を掲げていたものの、なにも目にみえる成果を上げていなかった。移民法制定への間接的な影響は否定できないが、アメリカニズムの推進や道徳の復興については、目に見える成果を得ることなど、できるはずもなかった。慈善活動も散発的で、組織の規模を考慮すると、やはりパフォーマンスの域を出なかった。

大義を支える内実がともなわなかった、これが、第二期クランが抱えていた根本的な問題であった。このようにみれば、第二期クランとは、やはり一過性の「熱病」にすぎなかったといえるだろう。

架空の巨大結社

南北戦争後に結成された第一期クランは、南部の伝統的な価値観のもとに集う人びとの組織であった。しかし、二〇世紀に入り、クランは保守的な立場をとる「ワスプ」へと支持基盤を広げた。すなわちクランは、リージョナリズムを意識した組織から、ナショナリズムを意識した組織へと生まれかわったのである。

第二期クランを結成したウィリアム・シモンズも、「新しいクランは古いクランとは本質的な関係をもたない。南北戦争後のクランは、地域の悪い政治を打ち破ろうとした。今日のクランズメンは、善良な国民を守ろうと闘っている」と、第二期クランを全国組織と位置づけている。

では、第二期クランとはどのような社会的現象であったのか。クランの研究者たちは、これまでさまざまな角度から第二期クランの解釈を試みてきた。社会構造の変化に要因を探った人としては、シーモア・マーティン・リプセットとアール・ラーブ、レオナルド・ムーア、デーヴィッド・チャルマーズらがいる。リプセットとラーブは、クランは社会構造の急激な変化によって生じた心理的緊張を解放する運動であったとする。ムーアも教会や家族などの伝統的な制度が危機に直面するなかで、人びとはクランに参加することで、コミュニティの再生を目指したと分析した。チャルマーズも、クランの運動はアメリカのスモールタウンで保たれてきた宗教的、道徳的な伝統的社会秩序の崩壊に対する反応だとしている。

他方、社会の構造的変化を重視する以上に、メディアが伝える「社会問題」が大衆心理に大きな影響を与えていたとする研究者もいる。同時代の社会学者ジョン・モファット・メックリンは、クランの運動は、「本質的に現実ではなく空想上の敵に対する防衛メカニズム」の発現であったとしている。ホフスタッターもこの見方を継承する。かれは、クラン参加者は「騙されやすいネイティヴィスト」だとしながらも、クラン現象とは、スモールタウンに住んでいた人びとが顔を合わせたこともない「敵」に対して過剰に反応した運動であったと分析した。

この指摘はクラン現象の本質を突いている。というのも、オレゴン州のクランを分析したメックリンは、当時、ここでは八五パーセントがアメリカ生まれの人で、人種主義は社会問題化しておらず、さらにカトリック教徒は八パーセントしかいない土地柄であったにもかかわらず、オレゴンでもクランが結成されていたと指摘する。すなわち、顔と顔を突き合わせたこともない「敵」に対して、クランは結成されたのである。移民が流入した都市部を除き、全米に無数に存在するスモールタウンでは、多かれ少なかれ同じような状況であったと推察できる。

もちろん、空想上の「敵」であっても、その存在に迫真性があるがゆえに、数百万もの人がクランに入会したわけであり、地方のスモールタウンにも社会的変化の波が寄せていたことは間違いない。ただ、その変化がネイション（国民）・レヴェルでの大規模な社会現象へと発展するためには、「南部広告協会」のクラークとタイラーの作戦や、会報『インペリアル・ナイトホーク』などのマスメディアの役割が不可欠であった。

さらに、ケニス・ジャクソンは、クランは存在する十分な理由がないために、理性ではなく感情によって成立していたと分析する。この指摘も重要である。『インペリアル・ナイトホーク』が伝える支部の諸活動や慈善行為には、十分な計画性はみられない。いずれも場当たり的に実施されたものばかりである。病院や学校の建設計画は、「宣言」された時点で、すでに記事として掲載されていた。

パレードなどのパフォーマンスが大規模化したのも、『インペリアル・ナイトホーク』紙上での掲載を求めてのことであった。支部の活動が掲載されることは、その地域がメディア上で社会的承認を得るのと同じ意味があったのかもしれない。このようにみると、第二期クランとは、なんら実質的な活動を行っていない架空の集団のように思えてくる。したがってメディアは、クランの虚像を作りあげていたにすぎなかったのである。

一九二〇年代後半、ほとんどの会員があっさりとクランに見切りをつけたのも、クランがほとんど内実のある活動を行っていなかったからであろう。『インペリアル・ナイトホーク』がしきりに活動の写真を寄こすよう呼びかけたのは、まるで、クランは実在していると、紙上で必死に証明しようとしていたかのようではないか。結論として筆者は、第二期クランとは、マスメディアによって演出された、架空の巨大結社であったと考えている。人びとはその虚像のなかで、幻影を追い求めていただけであった。

第七章　公民権運動から現代まで——第三期クランの波とその後

テロリスト集団として

第二期クランは一九三〇年代になると数千人にまで会員数を減らす。クランがふたたび勢力を盛りかえすのは、アメリカが公民権法の成立をめぐって議論を紛糾させる一九六〇年代に入ってからである。この時期、白人至上主義者たちは、公然と過激な直接行動に出た。かれらの攻撃の矛先は、とくに「全米黒人地位向上協会」(NAACP)の指導的立場にあったメンバーへと向けられた。

一九五一年には、NAACPの支部長を務めたハリー・T・ムーアと妻ハリエットが爆弾攻撃で殺され、一九六三年にはNAACP代表メドガー・エヴァーズが銃撃で死亡する。三年後にはNAACPリーダーのバーノン・ダウマーも殺害された。ほかにも六四年には、フィラデルフィアで公民権法の制定に向けて活動していたマイケル・シュワーナーとアンドリュー・グッドマン、ジェイムズ・チェイニーらが同じく殺された。

一九六〇年代の初頭より、公民権をめぐり活動する黒人と白人支持者に対して、反対派は計画的な攻撃を仕掛けた。公民権運動を支持する「フリーダム・ライダー」が長距離バス会社グレイハウンドのバスで南部に乗り込むと、クランはバスの停留所で迎え撃ち、「フリーダム・ライダー」たちを袋叩きにした。アラバマ州バーミングハムでは二十数名がクランの襲撃にあい、モンゴメリーではクラン率いる群集が棍棒と鉄パイプで「フリーダム・ライダー」を襲撃した。

全国に分散していたクランは、ボビー・シェルトンを代表として、公民権運動阻止という目標のもと、共闘を誓い、さらにその活動を、「ジョン・バーチ協会」や「ミニットメン」などの極右組織が水面下で支えた。

図32　アラバマ州アニストンで爆破された公民権運動のメンバーを乗せたバス

「ジョン・バーチ協会」は、一九五八年にマサチューセッツ州のキャンディー製造会社を営むロバート・ウェルチによって創設された。この協会は一九六六年には五〇〇〇の支部をもち、会員数は八万人を数えた。公民権運動に徹底して対抗するだけでなく、アメリカは共和国家であって民主主義国家ではないと、民主主義までも反対した。

「ミニットメン」はカンザスシティ出身のロバート・デパグによって創設された。設立の趣旨には「共産主義に対する最終防衛ラインとして働く覚悟のある愛国的アメリカ人の全米組織」とあり、共産主義、官僚主義を批判した。「全米ライフル協会」の後ろ盾を得ながら、八万人の会員を集めた。メンバーは、「ジョン・バーチ協会」やクランなどの右派組織に身を潜めながらゲリラ活動を展開し、ケネディ大統領の暗殺までも企てていた。

この時期のクランに全国組織はなく、各地に分かれたクランがそれぞれに活動していた。もっとも悪名高かったグループは「ミシシッピの白い騎士」であった。この組織のメンバーは最大で七〇〇〇人。かれらが一九六〇年代、第三期クラン史上もっとも血みどろの暴力抗争を引き起こした。なかでも象徴的な事件は、一九六四年六月二一日、ミシシッピ州フィラデルフィアの町で公民権運動のデモを行っていた黒人一人と白人二人を殺した一件だった。ほかにも、黒人教育者のレミュエル・ペンを銃殺し、アラバマ州セルマではジェームズ・リーブが犠牲となった。公民権運動家のヴィオラ・リウッツォはモンゴメリーとセルマ間を自動車で移動中に襲撃された。

クランの攻撃方法は大胆化の一途をたどった。一九五六年一月、モンゴメリーでキング牧師の家が爆弾で爆破されて以後、一九六三年までに一三八件の爆弾爆破テロが報告されているが、このうちの大半がクランの仕業であった。一九六三年九月一五日、バーミングハムで、黒人が集う「十六番街バプティスト教会」が爆破され、罪なき四名の少女が死亡した。この事件は、クランが完全にテロリスト集団として生まれ変わったことを社会に印象づけた。

アレックス・シュミットとA・J・ジョンマンによれば、テロリズムはその犯人、手段、目的、政治性によって一〇〇を超える定義が存在するという。たとえば国家を主体にみれば、国家は政府が認める以外の権力による暴力を広くテロリズムと規定する。他方、通俗的には、テロリズムとは、標的が「無実」のソフト・ターゲットに定められた暴力といえる。ただ、この場合、「無実」の判断は主観的となる。

テロリストが立つイデオロギーもさまざまである。ジョン・ジョージとレアード・ウィルコックスによると、近代の右翼テロリズムは、概して保守主義、宗教的熱狂、愛国主義、ナショナリズム、人種主義などの理念にもとづくという。他方、左翼のテロリズムは、リベラリズム、世俗主義、国際主義、共産主義、平和主義などに分類できるという。さらにロリー・マクヴェイは、左翼イデオロギーが、人間の理性を重視し、知性によって社会問題を解決しうると信じている一方で、右翼イデオロギーは、人間の理性が誤りうる可能性を認め、権威ある社会制度によって人間の衝動を抑える必要があると確信している、と分析する。

第三期クランのテロリズムについて考えると、その標的は公民権運動を推進する「フリーダム・ライダー」や黒人活動家らに絞られ、とくに南部では爆弾が手段として用いられた。ジョージア州とアラバマ州ではのべ七〇もの爆弾が爆発し、アラバマ州だけでも一〇人の黒人が殺害された。教会などのソフト・ターゲットも狙われた。ミシシッピ州では三〇の黒人教会が破壊された。

テロの目的は、公民権法制定の阻止にあったが、テロ活動が直接、政治に影響するとは犯人らも考えていなかったはずである。かれらの狙いは、テロ活動によって公民権運動の動揺を図るとともに、運動の大勢をもしのぐ衝撃を社会に与えることで、自分たちの政治的主張を広く世間に拡散させる意図があったとみられる。

たび重なるクランの暴力に対して、南部でも怒りの声が上がりはじめる。だが、連邦捜査局FBIと通じていたクランがひるむことはなかった。たとえ逮捕者が出たとしても、それは世論の批判をかわすための表面的な措置にすぎなかった。

それでも、一九六四年に公民権法が制定されると、第三期クランの活動は終息に向かう。一九六五年、リンドン・ジョンソン大統領はクランに対する徹底調査を命じ、七名のメンバーが逮捕され、代表のボビー・シェルトンを含む三名が投獄された。

一九七〇年代以後のクラン

図33　若き日のデーヴィッド・デューク

一九七〇年代、クランを名乗る組織が各地で活動をつづけていた。もっとも規模の大きなクランは、ルイジアナ州の「クー・クラックス・クランの騎士団」であった。このクランはデーヴィッド・デュークによって勢力を盛り返した。

デュークは一九五〇年、オクラホマに生まれた。家族とニューオーリンズに引っ越したあと、ルイジアナ州立大学へ進学した。在学中に「白人青年同盟」を結成し、その後はネオナチ系の組織で活動していた。デュークは一九七三年、ルイジアナ州のクランの「大竜」となり、一九七五年には「大魔法使い」となって代表の座に就く。

デュークはクランの組織を立て直し、ラジオやテレビで宣伝した。かれは過激な人種差別的主張を控えつつ、ファッショナブルに着飾ることで、若者の関心を集めることに成功した。デュークの思惑どおり、マスコミはすぐに「新しいクラン」について書きたてた。かれは政界進出を目指し、一九七五年にルイジアナ州議会の議員に当選する。四年後、デュークが州議会議員の議席を失うと、ライバルのクランが追い打ちをかけて、会員名簿を三万五〇〇〇ドルで横流ししたとしてデュークを追及した。

一九八〇年、ビル・ウィルキンソンがデュークの路線を引き継ぎ、軍事組織のイメージをクランに導入してメディアに登場する。かれは高校卒業後、海軍で八年間過ごし、その後はデュークとともにルイジアナ州のクランで活動していた。デュークとウィルキンソンの戦術は当たり、一九八〇年のはじめには、会員数は一時、一万一〇〇〇人に増加する。クランの活動も、ふたたび過激化していた。一九七九年には「見えざる帝国」のTシャツを着た若者が、スクールバスに放火するという事件を引き起こした。さらに、ピストルで武装したメンバーが、黒人のデモ隊と対峙して、黒人とクラン双方から二名の負傷者が出た。

だが、一九八〇年代、会員数はしだいに減少し、大規模なクランは消滅する。クラン崩壊のきっかけは、一九八一年一月に就任したロナルド・レーガン大統領の指示で、右翼団体のテロ活動に対する捜査が徹底されたことによる。「アルコール・タバコ・火器及び爆発物取締局」によって、爆弾や銃を用いたクランの犯罪が暴かれて、逮捕者が出始めた。

さらに法的訴訟がクランを追い込んだ。一九八七年には黒人青年マイケル・ドナルドをリンチした事件にからみ、「ユナイテッド・クラン」に対して、賠償額七〇〇万ドルの陪審員判決が下された。一九七一年にアラバマ州モンゴメリーで設立された非営利組織「南部貧困法律センター」(SPLC)は、ドナルドの事件に対して下された判決を盾に、クランのメンバーに対する他の訴訟にも取り組み始める。結果、「見えざる帝国」と「南部白騎士団」、および一一人のクランのメンバーに対して、一〇〇万ドルの賠償支払いが命じられた。代表の地位にあったジェームス・ファタンズは、組織の名称を含めたあらゆる資産を放棄して、さらに個人的に三万七五〇〇ドルを支払うことに同意した。

こうして、司法からの締め付けにより、一九九三年の夏には、クランの主流派である「見えざる帝国」は消滅した。一九九六年、SPLCはノースカロライナ州に拠点を置く「KKKキリスト教騎士団」に対しても、サウスカロライナ州の四つの黒人教会に放火・破壊行為を行ったとして訴訟を起こした。「見えざる帝国」につづき、「KKKキリスト教騎士団」も解散を迫られた。

クランのメンバーのなかでも武闘派で知られたルイス・ビーム、ロバート・マイルス、トム・メツガーの面々には、それぞれビーム一〇万ドル、マイルス一万五五〇〇ドル、メツガー三〇万ドルの賠償判決が下された。かれらはみなクランを去ったものの、他の白人至上主義組織で活動を継続した。

このあと、クランの一部は、「ジョン・バーチ協会」や「アメリカ・ナチ党」、自衛集団「ミリシア」などアメリカの白人至上主義を唱える極右集団と微妙な距離を保ちながら、二一世紀においても活動をつづけている。

現代のクラン

二〇一四年八月九日、ミズーリ州セントルイス郊外のファーガソンで黒人青年マイケル・ブラウンが白人警官に射殺される事件が発生し、抗議の熱が一時、暴動にまで発展したことは記憶に新しい。この痛ましい事件は、いまだアメリカに根強く潜む、人種に対する偏見と差別意識を物語る。だが驚くことに、ブラウン青年への哀悼がささげられているさなか、黒人青年を射殺した白人警官へ寄付する目的で、街頭で報奨金を募る活動を行うクランがあった。サウスカロライナ州に拠点をおく「新帝国の騎士団」である。

現在のアメリカにも、南部から中西部にかけてクランの組織が広がっている。もっとも組織数が多いのはアーカンソー州で、五つのクランのグループがあり、文化的に寛容といわれるカリフォルニア州にも二つのグループが存在している。このほか、フロリダ、ジョージア、ルイジアナ、テネシー、テキサスの各州にもそれぞれ数グループが確認されている。全米最大のユダヤ人団体「名誉毀損防止同盟」(Anti-Defamation League) の公表では、全米で四〇のグループが活動し、一〇〇を超える支部があり、会員の総数は五〇〇〇人を数えるという。

かれらの活動は、基本的には、融和感情を逆なでするような差別的主張を展開するものであるが、しだいに確固とした目的を失いつつあるようにもみえる。二〇一四年一一月九日付の『インターナショナル・ビジネス・タイムズ』紙には、カリフォルニア州に拠点を置くクランの分派「ロッキー・マウンテンの騎士」が、アングロサクソン系の白人だけでなく、黒人やヒスパニック、ユダヤ人や同性愛者の入会をも認め、会員の資格は、一八歳以上で大西洋岸に住んでいる、この二点だけに修正した、と伝える記事が掲載されて話題を呼んだ。二一世紀に入った現代、クランは改めてその存在意義を模索しているようである。

冷戦後の世界とナショナリズム

冷戦後の世界では、イデオロギーに代わる国民や民族統合の枠組みが模索されて、ナショナリズムやエスノセントリズムが過熱した。地域紛争や民族紛争が活発化し、二〇〇一年のアメリカ同時多発テロが象徴するように、世界は終わりの見えない「テロとの戦争」の時代に突入した。

サミュエル・ハンチントンの「文明の衝突」論文は、イデオロギー対立の終焉《しゅうえん》とともに、世界は文明間の対立の時代を迎えるとする大局観を示し、世界的に話題をよんだ。ハンチントンは世界を、西欧（西洋）文明、儒教文明、日本文明、イスラム文明、ヒンドゥー文明、スラヴ正教文明、ラテン・アメリカ文明、アフリカ文明とに分けて、重要な紛争は、これら文明圏をまたぐ「断層線」のある場所で発生すると論じた。

ただ、現実の世界では、紛争は国家の内外で発生しており、紛争の種は、国家とそれを構成する国民とのあいだに生じる摩擦に起因することも多い。ハンス・ユルゲンスマイヤーは、冷戦後の世界を、世俗的国民国家と宗教的ナショナリズムとが対立する世界であるとみるが、たしかに、国民国家とナショナリズムをめぐる問題は、人種主義や民族差別、排外主義とも結びついている。

ナショナリズムは近代社会の産物とみなすのが通例である。この近代主義に立つ研究者としては、『想像の共同体』の著者ベネディクト・アンダーソンや、『民族とナショナリズム』の著者アーネスト・ゲルナーがいる。

アンダーソンは、ナショナリズムは実体として捉えるには不可解な現象だとし、ナショナリズムを「イメージして心に描かれた想像の共同体」、「特殊な文化的人造物」だとみなす。ただアンダーソンは、「想像の共同体」は国民に限らずあらゆる共同体は同一性をもつ集団としてイメージされるという。メディアによって虚像が作られていた第二期クランも、まさに「想像の共同体」の典型であったといえる。

ナショナリズムとはなにか、という定義についてみれば、アーネスト・ゲルナーのそれがもっとも簡潔かつ明瞭である。すなわち、かれは「ナショナリズムとは、第一義的には、政治的な単位と民族的な単位とが一致しなければならないと主張する一つの政治的原理である」と規定する。ゲルナーによるとナショナリズムは、産業社会では単一言語による均質な文化の習得を求める。そして、国家が集中的に管理する教育によって醸成される、と論じている。

したがって、ナショナリズムが成立する政治的な境界線の内部では、社会的流動性が高まり、そのために均質性が保たれる一方で、外部は「他者」として切り離される。このとき、「政治的な単位」と一致する「民族的な単位」に属する集団（マジョリティ）に含まれない集団（マイノリティ）は、均質性を脅かす存在として、恐怖と憎悪の対象となる。

ここでやっかいなのが、「民族」という概念である。小坂井敏晶氏は、人種を「先天的な生物学的形質を基準に区分された範疇」とする一方で、民族とは「文化という後天的特徴を基に分類された範疇」と区別する。さらに、民族とは「当該集団の構成員および外部の人間によって次第に生み出されてきた」、「主観的範疇」であるとする。たしかにゲルナーも、民族とはナショナリズムを通して生み出される、としている。したがって、「政治的な単位」と「民族的な単位」との歴史的必然性はないのである。この両者の関係を歴史的に必然性のあるものとして「物語る」イデオロギーが、ナショナリズムと呼ばれるものである。

ゲルナーの定義をふまえてクランについて考えると、アメリカの場合、マジョリティとは「ワスプ」と呼ばれ、その定義は「白人」という「身体形質」、アングロサクソンという「人種」、プロテスタントという「宗教文化」によって縁どられる。第一期クランの場合、この範疇に、南部人、民主党もしくは旧南部連合支持者、という基準が加わる。

このようにみると、南北戦争とは、南部連合支持者による独立運動であり、第一期クランの活動は、この支持者を基体とする政治的単位の一致を求めるナショナリズム運動であったとみることもできる。第二期クランの場合には、「ワスプ」という範疇に、アメリカ生まれというネイティヴィズムが加わる。第二期クランとは、文字通り国民国家の範疇で沸き起こったナショナリズム運動であったといえる。

日本のヘイト・スピーチ問題

日本でも、二〇一〇年以後、国民とはなにかが広く問われる問題が発生した。二〇一三年から翌年にかけて、拡声器で民族差別を主張しながら街頭をデモ行進する「ヘイト・スピーチ」が突如、活発化し、話題となった。インターネットを通して呼びかけに賛同した二〇〇人ほどが集い、東京の新大久保界隈を練り歩き、その様子はネット上の動画サイトに投稿された。「ヘイト・スピーチ」はこの年の流行語になるほど、世間に広く知られた。『ヘイト・スピーチとは何か』の著者である師岡康子氏の定義を借りると、それは以下の通りである。

広義では、人種、民族、国籍、性などの属性を有するマイノリティの集団もしくは個人に対し、その属性を理由とする差別的表現であり、その中核にある本質的な部分は、マイノリティに対する「差別、敵意又は暴力の煽動」(自由権規約二〇条)、「差別のあらゆる煽動」(人種差別撤廃条約四条本文)であり、表現による暴力、攻撃、迫害である。

これまで日本では、人種差別や民族差別はテレビのニュース画面のなかだけで見る他国の問題、という程度の認識が一般的であっただろう。そして、人種差別や民族差別は低劣なイデオロギーという共通理解のもと、日本は欧米と足並みを揃えて、融和と多文化共生の理想を共有していると考えていたはずである。したがって、白昼堂々と民族差別を声高に叫びながら練り歩く集団を目の当たりにしたとき、その光景に衝撃を覚えた人も多かったのではないか。

しかし、ヘイト・スピーチの声は止むどころか、過熱するばかりであった。というのも、日本にはヘイト・スピーチを規制する法律がなかったのである。これまで日本政府は純血主義の基本方針に則り、ほとんど難民や移民を受け入れず、表面的には人種差別や民族差別など「ない」社会を装ってきた。人種差別や民族差別を「蛮行」と見下す日本の立場は、いわば政府主導の徹底した排外主義のうえに成立していたわけである。ヘイト・スピーチを規制する法律がなかったのも、このような社会的背景があったからとみられる。

いざ、ヘイト・スピーチを規制するという段階になると、にわかにメディアで議論が巻き起こった。ヘイト・スピーチの規制は表現の自由に抵触する恐れがあると、憲法学者やジャーナリストなどの有識者が意見を寄せたからである。ヘイト・スピーチは、被害者に深刻な心理的被害を及ぼす。まして、幼い子供であればなおのことである。被害者の人格権などの人間の尊厳を脅かす許し難い行為でもある。「表現の自由」を保ちながら、被害者の実害といかに向き合うか、悩ましい議論がつづいた。

海外の状況に目を向けると、マイノリティに対するヘイト・スピーチ規制の動きは世界的な潮流となっている。もっとも早い時期にヘイト・スピーチ規制を導入したのはヨーロッパ諸国である。古くから旧植民地出身のマイノリティが多く暮らしていたイギリスでは、一九六五年に、人種関係法を導入し、ヘイト・スピーチを規制した。ホロコースト（ユダヤ人大虐殺）の歴史を背負うドイツでも、一九六〇年には「民衆扇動罪」が、さらに多文化主義を国是とするカナダやオーストラリアでもヘイト・スピーチに対する法規制が行われている。

ところが、アメリカではヘイト・スピーチの実害性よりも表現の自由が尊重されてきた。人種差別に関わる犯罪「ヘイト・クライム」を規制する法律は存在する。一九六八年に導入された「連邦保護活動法」や、九四年に制定された「一九九八年暴力犯罪制御法執行法」などがそれである。だが、ヘイト・スピーチに関しては、各州が導入した規制や条例を連邦最高裁判所が事実上「違憲」と判断し、包括的な法規制は行われていない。

かといって、アメリカでは、いかに表現の自由を護りながらヘイト・スピーチと対峙するか、長年にわたり司法と世論が議論を重ねてきた。決して差別表現を野放しに認めてきたわけではない。ひとたび「表現」がヘイト・クライムに分類されると、連邦法および州法で刑事罰の対象とされるだけでなく、民事訴訟が提起されることもある。アメリカでは表現の自由が尊重されて、ヘイト・スピーチは規制されていない、という結論だけに目をむけるのは早計である。

二〇一六年五月、日本でもようやく「ヘイト・スピーチ規制法」が衆議院を通過した。だが、実体は罰則規定のない努力義務にとどまる法案であった。また、ヘイト・スピーチを行っていた集団に賠償金の支払いが命じられたことで、この出来事に対する世間の関心は薄れつつある。しかし、クランが何度もよみがえったように、いつヘイト・スピーチがふたたび勢いづくかはわからない。対外的に体裁をとりつくろうための飾りではない、実効性のある規制が求められるのではないか。

ヨーロッパの移民・難民問題と排外主義

二〇一六年六月二三日に実施されたイギリスの国民投票は、EU離脱派が僅差で勝利した。EU残留派が勝利すると予想されていたので、これによって、ヨーロッパだけでなく全世界に激震が走った。巷間《こうかん》ではすでにEUの崩壊とかヨーロッパの落日などといわれている。離脱派が勝利したイギリス内部でも、再投票への請願運動、離脱派内の足並みの乱れ、スコットランドの独立運動の活性化など、さまざまな余波を起こしている。とくに通貨ポンドの下落が大きな不安材料となって、国民投票の余波は収まる気配をみせていない。

これは一見すればイギリスのEU離脱問題が引き起こした現象のようであるが、根底にはイギリスだけではなく、現代社会が直面しているグローバルな移民問題と排外主義が大きな影を投げかけている構図が見える。ドイツのメルケル首相とフランスのオランド大統領は、連携してEUを堅持し、移民や難民をヨーロッパ全体で担う政策を打ち出してきた。

だが、ドイツやフランスも国内では同じ問題を抱えている。

　ドイツでは二〇一六年の三月における三つの州議会選挙において、反移民、反EU政策を掲げる「ドイツのための選択肢」が、それぞれ二位、三位、三位の政党へと躍進した。右派のポピュリズム化したこの政党は、反イスラム主義を打ち出して、台風の目となっている。同じくフランスの右翼政党、「国民戦線」のル・ペン党首も反EU、反移民を訴え、支持を伸ばしてきた。

　同様の現象がオーストリアやオランダでも起こり、反EU派の勢いは増している。直接的には、EUの域内からの移民の流入が主要な原因であるが、中東での紛争によって発生した難民の移動が連日、メディアで報道されるなかで、イギリス市民のみならず、他のEU諸国の市民もその動向には敏感に反応している。

　EUにおける移民には二種類ある。EU域内移民とEU域外移民がそれである。くわえて政治難民、経済難民、不法難民という範疇もあり、複雑である。今回、国民投票の結果は、EUの移民政策全体に疑問符をつけたといえる。

　寛容な姿勢に反対する立場は、移民が若者の職を奪い、治安が悪化して、社会保障が破綻し、宗教的な摩擦が顕在化する、など、移民や難民受け入れにともなう問題を指摘する。結果、内向き志向の自国中心主義の傾向が広がっているのである。この流れを右傾化と捉えることは容易であるが、実際にはさまざまな要因が複雑に絡みあい、そうそう単純化できるものでもない。

イギリスの離脱問題が報じられたあと、二〇一六年六月、スペインで行われた総選挙では、反EUを掲げた左派新党「ポデモス」の得票は伸び悩んだ。EU離脱という目標は、必ずしもパラダイスを約束するものではないと、イギリスの国民投票が浮き彫りにした結果であるといえる。EUにとどまって困難を諸国とともに乗り越える以上に、EUからの離脱は厳しい道のりだといえる。

メキシコ系移民とアメリカ

二〇〇〇年以後、アメリカでは「ヒスパニック」や「ラティーノ」と呼ばれる、ラテン・アメリカ地域出身の移民とその子孫が増加し、大きな関心を呼んでいる。二〇〇〇年の国勢調査では、ヒスパニック系の人口は三五三〇万人と報告され、過去一〇年間で五八パーセントも増加した。

従来、アメリカのマイノリティの多数派はアフリカ系であった。しかし、二〇〇〇年の国勢調査では、ヒスパニック系がアフリカ系の数を上回り、米国最大のマイノリティとなって話題となった。その数はさらに増加し、二〇一〇年には一六・三パーセントとなっている。

ヒスパニック系のうち、国別に出自をみると、最大はメキシコ系で、全体の五八・五パーセントを占めている。もともと、アメリカとメキシコは、国境が陸つづきであるばかりか、歴史的にも両者の関係は深い。アメリカの南西部、テキサスやニューメキシコ、アリゾナ、ネヴァダ、カリフォルニアの各州は一九世紀半ばの米墨戦争によってアメリカに割《かつ》譲《じょう》された経緯がある。これらメキシコ近隣の州は、いまでもヒスパニック系の人口割合が二五パーセントを占めて、マイノリティのなかではもっとも多い。

一九二四年の移民法で、南欧・東欧やアジア系の移民は厳しく制限されたものの、メキシコ系移民は制限されなかった。メキシコ系には、国内で不足する労働力の補塡が期待されていて、カリフォルニアの農園や鉄道敷設の現場で活躍した。すなわち、アメリカの移民制限政策を影で支えたのは、メキシコ系移民であった。

第二次大戦後には、アメリカはメキシコ政府とのあいだで「ブラセロ計画」と呼ばれる移民協定を結び、二〇年間にわたり、メキシコ系の季節労働者を合法移民として受け入れてきた。メキシコ系移民は、アメリカの経済的な浮き沈みの大波を吸収する、都合のよい人的緩衝材として利用されつづけてきたのである。

一九六五年、「改正移民国籍法」が導入され、メキシコ系移民が厳しく制限されるようになると、不法移民にふるい分けられる人が急増する。一九八六年、「移民改正および管理法」により、米国に五年以上滞在する不法労働者に合法移民の資格が与えられたが、もともと水面下での就労を強いられてきた不法労働者にとって、労働期間を証明する書類を整えることは容易ではなかった。

公民権運動を経て、メキシコ系の多いカリフォルニア州では、バイリンガル教育などの多文化主義政策が導入されてきた。しかし、一九九〇年代以後、この方針が転換される。不法移民に対する非緊急医療、社会福祉、社会サービス、公教育を禁止する「提案一八七号」と、アファーマティブ・アクション（積極的差別是正措置）の廃止を求める「提案二〇九号」も住民投票で可決されるのである。二〇〇一年の同時多発テロ事件以後、マイノリティに対する締め付けは、さらに厳しくなっている。

グローバル化と排外主義

二一世紀に入り、グローバル化が加速し、国家間の垣根は低減するかに思えた。多国籍企業が世界的に事業を展開し、インターネットによって情報は双方向的に瞬時に駆け巡る時代になった。

ところが、人・モノ・カネ・情報の世界的な交流が過熱する一方で、国家間を隔てる国境はますます強固となっている。ナショナリズムが国家内部を均質化する圧力として働く一方で、均質な内部を保つために、内外を区別するイデオロギーが際立つようになった。さらに、レイシズムや民族差別が、各国で日常的に社会問題化している。

テッサ・モーリス＝スズキは、グローバル化がレイシズムへと結びつくプロセスを、このように説明する。

各国が新自由主義経済にたち、国際的な経済競争が過熱すると、国家の内外で格差が生じる。と同時に、労働力の流動化と労働環境や雇用環境の不安定化が生じる。レイシズムや民族差別は、このような不安と不満が入り交じるなかで噴出する。対策としてスズキは、富の再分配による格差の是正、法制度の整備、反差別教育、多文化主義に立つメディアの存在が重要であるとしているが、はたして現代の日本の状況はどうであろうか。

反グローバリズムの声が、アンダーソンのいう「想像の共同体」としての内向きのナショナリズムを求めるとき、排外主義結社クランが残したモジュールは、世界中、どこでも、そしていつでも、息を吹き返す可能性がある。そのとき、クランの教訓を踏まえ、排外主義やナショナリズムを乗り越える知恵と実行力を備えた社会であってほしいと願ってやまない。人間の想像力は、偏狭な仮象の「イズム」を乗り越える力としてこそ発揮されんことを、信じて筆をおくことにする。

あとがき

本書は、クー・クラックス・クランに関する日本ではじめての新書である。

筆者は二〇一五年に刊行した共著書『欧米社会の集団妄想とカルト症候群――少年十字軍、千年王国、魔女狩り、KKK、人種主義の生成と連鎖』（明石書店）の中で、「第一二章　クー・クラックス・クラン――白人至上主義結社の盛衰」を分担執筆した。これは二六ページ程度のクランの概要をまとめたものであったが、この執筆をきっかけに、その後、「人種主義の生成と連鎖」という大局的視野に立ってクランの歴史的位置づけをしてみたいと思うようになった。こうして資料の収集・整理を進めて、完成したのが本書である。

日本においてクランのような秘密結社は、研究対象としてはエアポケットのような領域であって、本格的に取り組む研究者がほとんどいなかったのは不思議な気がする。

とはいっても先行研究は存在する。たとえば綾辺昌朋氏の論文「シヴィック・クラン――第二次クー・クラックス・クラン運動の再検討」（『史學』78号、三田史学会）は、慈善活動を行う結社としてのクラン像を紹介したものであるが、この論文のおかげで筆者が抱いていた「クラン＝黒人排斥集団」という固定観念は突き崩されて、探究心に拍車が掛かった。また、トマス・ディクソン・ジュニア著『クー・クラックス・クラン　革命とロマンス』奥田暁代、高橋あき子訳（水声社）における奥田氏の「解説」は、第一期クランについての邦語文献がまったくないなかで、アメリカにおける研究書を入手するための貴重な足がかりを与えて頂いた。記して先行研究者たちにお礼申し上げる。

以上のようなおかげで本書を完成させることができたが、これを通して、クランは社会的変化の軋轢が生んだ、抵抗のためのフォーマットの一種であったことを、具体的に明らかにできたのではないかと思う。局所的にみれば、クランは白人至上主義を唱える極右団体に違いない。しかし、この組織の盛衰に通底している原動力は、社会の変化に直面した人びとが抱える不安と不満にあり、それが秘密結社という組織に集約されるかたちで一気に噴出した現象がクランであった。

時代の変化はクラン拡大の原動力となった一方、それがこの結社の決定的な弱点にもなった。たしかに昔日への憧憬やノスタルジーは、一時的に鮮烈なイデオロギーになりうる。だが、時間の流れには抗えるものではない。過去が遠ざかり、イデオロギーよりも実生活が現実に際立ちはじめると、やがて人びとはそれぞれの生きる道の模索に迫られる。この条理に従いきれなかった一味が、暴徒化の途をたどった。クランの凶暴性は、時代の流れに抗うよりほかに、寄る辺のない人間の「弱さ」を浮き彫りにしている。もちろん、革新性や進歩がかならずしも正しいとは限らない。しかしその時代の勢いや流れは、つねに過去への遡行に勝ることを、クランの盛衰は物語っている。

ところが過去においては、ナチス・ドイツが人種主義の極端な事例を示したが、近年でも、民衆のうねりや国家主導で時代の遡行を訴える奇妙な声が世界的に広がっている。具体的にはアメリカやヨーロッパ、そして日本における右傾化や保守化がそれである。「人種主義の生成と連鎖」の命脈を知るためには、この「筋」をたどらねばならないが、本書では第一章と第七章でこの問題を指摘した。本書はクランの記述に大部分を割いたので、指摘だけにとどまり分析はじゅうぶんとはいえないが、過去の歴史との連続性はご理解願えたものと思う。

じつのところ、筆者は、クランの「いま」に迫るために、テネシー州で活動するクランのメンバーにメールでコンタクトをとり、インタヴューをこころみてみた。二〇一五年五月のことである。筆者はそのとき、英文で文面を作成し、メールを送ったのであるが、驚いたことに「ポール」と名乗る男から、たどたどしい日本語でメールを受け取った旨の返信があった。送信者の私が日本人だと知り、インターネット上の翻訳サイトなどを活用して、作文したものと思われた。正直、筆者の期待は高まっていた。だが残念なことに、このあと「ポール」からの音信は途絶えてしまう。

同年の七月にプラスキの町を訪れたときにも、「ポール」にメールを送ったが、返事はなかった。結局、現役のクランのメンバーとの接触は叶わず、生の声を聞くことは出来なかった。なにもクランの儀礼や活動に興味があったわけではない。現代のクランがアメリカ社会の現状と、世界情勢をどのようにみているのか、生の声が聞きたかったのである。現在でもそれが本書に間に合わなかったのは心残りである。

末筆になったが、クランという秘密結社の実態と現代とのつながりに関心を示され、本書を世に出して下さった平凡社新書編集長の金澤智之氏と、編集部の水野良美氏に心より御礼申し上げる。とりわけ、金澤氏に本書の編集を担当して頂き、貴重な助言を賜ったことは、身に余る光栄である。

二〇一六年八月

浜本隆三

主要参考文献

Bartoletti, Susan Campbell. *They Called Themselves the K.K.K.: The Birth of an American Terrorist Group.* Boston: Houghton Mifflin Harcourt, 2010.

Blee, Kathleen M.*Women of the Klan: Racism and Gender in the 1920s.* Berkeley: University of California Press, 1991.

Carnes, Mark C.*Secret Ritual and Manhood in Victorian America*, New Haven: Yale University Press, 1989.『結社の時代――19世紀アメリカの秘密儀礼』野崎嘉信訳、法政大学出版局、一九九三年。

Catalogue of Official Robes and Banners. Atlanta: Knights of the Ku Klux Klan Incorporated, 1925.（書誌情報一部不詳）

Chalmers, David M.*Hooded Americanism: The History of the Ku Klux Klan.* Durham: Duke University Press, 1987.

Davis, Susan Lawrence. *Authentic History: Ku Klux Klan, 1865-1877.* New York: American Library Service, 1924.

Dixon, Jr., Thomas. *The Clansman, An Historical Romance of the Ku Klux Klan.* New York: Doubleday, 1905.『クー・クラックス・クラン――革命とロマンス』奥田暁代、高橋あき子訳、水声社、二〇〇六年。

Fontaine, Felix. *Fontaine's Golden Wheel Dream Book, and Fortune-Teller.* New York: Dick & Fitzgerald,

1862.

Hofstadter, Richard. *Anti-Intellectualism in American Life.* New York: Alfred A. Knopf, 1963.『アメリカの反知性主義』田村哲夫訳、みすず書房、二〇〇三年。

Horn, Stanley Fitzgerald. *Invisible Empire: The Story of the Ku Klux Klan 1866-1871.* Boston: Houghton Mifflin, 1939.

Jackson, Kenneth T. *The Ku Klux Klan in the City, 1915-1930.* New York: Oxford University Press, 1967.

Kloran: Knights of the Ku Klux Klan. Toronto, 1928.（書誌情報一部不詳）

Lester, John C. and Daniel Love Wilson. *Ku Klux Klan: It's Origin, Growth and Disbandment.* New York: The Neale Publishing, 1905.

Lipset, Seymour Martin, and Earl Rabb. *The Politics of Unreason: Right-wing Extremism in America, 1790-1970.* New York: Harper and Row, 1970.

MacLean, Nancy K.. *Behind the Mask of Chivalry: The Making of the Second Ku Klux Klan.* New York: Oxford University Press, 1994.

McVeigh, Rory. *The Rise of the Ku Klux Klan: Right-Wing Movements and National Politics.* Minneapolis: University of Minnesota Press, 2009.

Mecklin, John Moffatt. *The Ku Klux Klan: A Study of the American Mind.* New York: Harcourt, Brace,1924.

Moore, Leonard J. *Citizen Klansmen: The Ku Klux Klan in Indiana, 1921-1928.* Chapel Hill: University of North Carolina Press, 1991.

Newton, Michael. *The Ku Klux Klan in Mississippi: A History.* Jefferson: McFarland, 2010.

The Oaths, Signs, Ceremonies and Objects of the Ku-Klux-Klan. 1868.（書誌情報一部不詳）

Parsons, Elaine Frantz. *Ku-Klux: The Birth of the Klan during Reconstruction.* Chapel Hill: University of North Carolina Press, 2015.

Report of Evidence Taken before the Military Committee in Relation to Outrages Committed by the Ku Klux Klan in Middle and West Tennessee. Tennessee General Assembly Senate Committee on Military Affairs Ed.. Nashville: S. C. Mercer Printer to the State, 1868.

Richardson, William Thomas. *Historic Pulaski: Birthplace of the Ku Klux Klan.* Nashville: The Methodist Publishing House, 1913.

Ridgeway, James. *Blood in the Face. The Ku Klux Klan, Aryan Nations, Nazi Skinheads, and the Rise of a New White Culture.* New York: Thunder's Mouth Press, 1991.『アメリカの極右――白人右派による新しい人種差別運動』山本裕之訳、新宿書房、一九九三年。

Rose, Laura Martin. *The Ku Klux Klan or Invisible Empire.* New Orleans: L. Graham, 1914.

Simmons, William Joseph. *The Klan Unmasked.* Atlanta: Wm. E. Thompson , 1923.

Wade, Wyn Craig. *The Fiery Cross: The Ku Klux Klan in America.* New York: Oxford University Press, 1987.

綾部恒雄『結社の世界史5 クラブが創った国アメリカ』山川出版社、二〇〇五年。

大泉光一、牛島万編著『アメリカのヒスパニック＝ラティーノ社会を知るための55章』明石書店、二〇〇五年。

大澤真幸編『ナショナリズム論の名著50』平凡社、二〇〇二年。

コナン・ドイル『シャーロック・ホームズの冒険』延原謙訳、新潮文庫、一九五三年。

猿谷要『アメリカ黒人解放史——奴隷時代から革命的叛乱まで』サイマル出版会、一九六八年。

竹沢泰子編『人種概念の普遍性を問う——西洋的パラダイムを超えて』人文書院、二〇〇五年。

辻和彦「ダブル・クロス・ゲーム——一八六〇年から一八六九年の青年サミュエル」『若きマーク・トウェイン〝生の声〟から再考』那須頼雅他編著、大阪教育図書、二〇〇八年。

森本あんり『反知性主義——アメリカが生んだ「熱病」の正体』新潮選書、二〇一五年。

［新聞］
The Imperial Night-Hawk. 1923. 5. 23. Vol. 1, No. 8.
The Imperial Night-Hawk. 1923. 8. 29. Vol. 1, No. 22.（日本人に関する記事：pp. 2-3）
The Imperial Night-Hawk. 1923.11.07. Vol. 1, No. 32.
The Imperial Night-Hawk. 1923.11.21. Vol. 1, No. 34.

［ウェブサイト］
Anti-Defamation League: "Ku Klux Klan Rebound"［二〇一六年八月二〇日アクセス］
（http://archive.adl.org/learn/ext_us/kkk/klan_report.pdf）
Perspectives on Terrorism: "The Revised Academic Consensus Definition of Terrorism"［二〇一六年九月四日アクセス］
（http://www.terrorismanalysts.com/）

図30 Anti-Defamation League（http://www.adl）："Triangular Klan Symbol".

図31 *Kloran*.

図32 Library of Congress: "Prints & Photographs Reading Room".

図33 "Steve Scalise, David Duke, And Why The Past Is Never Dead." *CenLamar*. January 18th, 2015.

図版出典一覧

図1　著者撮影。
図2　*Kloran*.
図3　*Life*. May 27th, 1946.
図4　*Ku Klux Klan: Its Origin, Growth and Disbandment*.
図5　Hoobler, James. *Images of America: Nashville from the Collection of Carl and Otto Giers*. San Francisco: Arcaida Publishing, 1999.
図6　*The Klan Unmasked*.
図7　Filmsite.org（http://www.filmsite.org/）：“The Birth of a Nation（1915）”.
図8　*Harper's Weekly*. February 19th, 1868.
図9　Marion Illinois History Preservation.（http://www.mihp.org/）
図10　*Harper's Weekly*. January 27th, 1872.
図11　Greg French's Early photography Online Gallery.（http://gregfrenchearlyphotography.com/）
図12　*Invisible Empire: The Story of the Ku Klux Klan 1866-1871*.
図13　*Historic Pulaski: Birthplace of the Ku Klux Klan*.
図14　Martinez, J. Michael. *Carpetbaggers, Cavalry, and the Ku Klux Klan*. Lanham: Rowman&Littlefield Publishers, 2007.
図15　Burton, Annie Cooper. *The Ku Klux Klan*. Los Angeles: W.T. Potter, 1916.
図16　Southern Poverty Law Center: “Ku Klux Klan: A History of Racism”.
図17　Fontain, Felix. *Fontaine's Golden Wheel Dream Book, and Fortune-Teller.* New York: Dick & Fitzgerald, 1862.
図18　*The Ku Klux Klan in Mississippi: A History.*
図19　*Invisible Empire: The Story of the Ku Klux Klan 1866-1871*.
図20　*The Klan Unmasked*.
図21　*The Klan Unmasked*.
図22　Library of Congress: “Prints & Photographs Reading Room”.
図23　Library of Congress: “Prints & Photographs Reading Room”.
図24　*Catalogue of Official Robes and Banners*.
図25　*Catalogue of Official Robes and Banners*.
図26　*Catalogue of Official Robes and Banners*.
図27　Anti-Defamation League（http://www.adl/）：“Blood Drop Cross”.
図28　*The Klan Unmasked*.
図29　*The Ku Klux Klan or Invisible Empire*.

【著者】
浜本隆三（はまもと りゅうぞう）
1979年京都府生まれ。同志社大学法学部政治学科卒業、同大学大学院アメリカ研究科（現グローバル・スタディーズ研究科）博士後期課程単位取得退学。福井県立大学学術教養センター専任講師。専門はアメリカの文学と文化。著書に『欧米社会の集団妄想とカルト症候群――少年十字軍、千年王国、魔女狩り、KKK、人種主義の生成と連鎖』（共著書、明石書店）、『文学から環境を考える――エコクリティシズム・ガイドブック』（分担執筆、勉誠出版）、共訳書に『マーク・トウェイン 完全なる自伝』第1巻（柏書房）などがある。

平　凡　社　新　書　8　2　7

クー・クラックス・クラン
白人至上主義結社KKKの正体

発行日――2016年10月14日　初版第1刷

著者――浜本隆三
発行者――西田裕一
発行所――株式会社平凡社
東京都千代田区神田神保町3-29　〒101-0051
電話　東京（03）3230-6580［編集］
　　　東京（03）3230-6573［営業］
振替　00180-0-29639
印刷・製本―株式会社東京印書館
装幀――菊地信義

ISBN978-4-582-85827-3
NDC 分類番号253.07　新書判（17.2cm）　総ページ224
平凡社ホームページ　http://www.heibonsha.co.jp/